家庭教育艺术
JIAOYU YISHU

U0459256

# 正面
## 管教孩子

衡孝芬 / 编著

民主与建设出版社

**图书在版编目（CIP）数据**

正面管教孩子 / 衡孝芬编著. -- 北京：民主与建

设出版社, 2019.11

（家庭教育艺术）

ISBN 978-7-5139-2426-9

Ⅰ.①正… Ⅱ.①衡… Ⅲ.①青少年教育－家庭教育

Ⅳ.①G782

中国版本图书馆CIP数据核字(2019)第269548号

**正面管教孩子**

ZHENG MIAN GUAN JIAO HAI ZI

| | |
|---|---|
| 出 版 人 | 李声笑 |
| 编 著 | 衡孝芬 |
| 责任编辑 | 刘树民 |
| 封面设计 | 三石工作室 |
| 出版发行 | 民主与建设出版社有限责任公司 |
| 电 话 | （010）59417747 59419778 |
| 社 址 | 北京市海淀区西三环中路10号望海楼E座7层 |
| 邮 编 | 100142 |
| 印 刷 | 三河市天润建兴印务有限公司 |
| 版 次 | 2019年11月第1版 |
| 印 次 | 2020年1月第1次印刷 |
| 开 本 | 880毫米×1230毫米 1/32 |
| 印 张 | 30 |
| 字 数 | 756千字 |
| 书 号 | ISBN 978-7-5139-2426-9 |
| 定 价 | 198.00元（全六册） |

注：如有印、装质量问题，请与出版社联系。

　　家庭教育通常是指在家庭生活中，由家长对其子女实施的教育。这里的家长主要是指父母，当然也包括其他家庭成员。家庭教育是父母有意识地通过自己的言传身教和家庭生活实践，对子女施以一定教育影响的社会活动。

　　人的一生中必须要接受三种教育，那就是家庭教育，学校教育和社会教育。每个孩子一出生，家庭教育就已经在无形中产生了。家庭教育是伴随其一生的教育，因此有一句话说"父母是孩子最好的老师"。想要培养孩子良好的心理素质和行为习惯，就必须经历这种不间断的教育过程。

　　苏联著名教育学家苏霍姆林斯基曾把孩子比作一块大理石，他说："把这块大理石塑造成一座雕像需要六位雕塑家：一是家庭，二是学校，三是儿童所在的集体，四是儿童本人，五是书籍，六是偶然出现的因素。"从排列顺序上看，家庭被列在首位，可以看出家庭教育在这位教育学家心中占据相当重要的地位。

　　家庭教育是一门艺术，家庭教育的好坏常常影响一个孩子的一生，一个人在未来能否取得大的成就在很大程度上取决于其家庭教育的好坏。纵观古今，一个人的发展受成长环境的影响极大，往往各个领域的优秀人才，十之八九都是受过良好家庭教育的人。

同学校教育相比，家庭教育更加具有连续性，对孩子的影响也更大。所以，要想培养出优秀的孩子，家长就必须要有正确的教育观念，合理利用一切教育资源，掌握家庭教育的艺术。

为了帮助各位父母解决家庭教育的困惑，我们特地编撰了本套丛书，包括《好性格让孩子受用终生》《正面管教孩子》《孩子为你自己读书》《听孩子说胜过对孩子说》《高情商孩子培养术》《洛克菲勒给孩子的38封信》六册书，分别讲述了作为父母如何培养孩子的独立性格、怎样提高孩子的情商、如何培养孩子的学习精神、怎样尊重孩子、如何教育孩子成才等诸多问题。这些家庭教育艺术的不同侧面，为我们培养孩子健康成长提供了全方位的借鉴和参考。

总之，本套书集针对性、指导性和实用性于一体，融汇了教育孩子的不同方法和诸多措施，是进行家庭教育的良好读本，适合不同年龄段孩子的父母学习和珍藏。

# 目　录

# 第一章
# 正面管教，解决孩子学习问题

每个人的生活都离不开学习。学习是人与环境保持平衡、维持生存和发展所必需的条件，也是人类适应环境的手段。尤其对孩子来说，学习就更为重要。

因为，一个不努力学习的孩子，难以适应当今及未来这个复杂多变的社会环境，更谈不上获得良好的发展。对于孩子而言，学习就是他们生活的重要内容。因此，父母应该要注意孩子在学习时存在的问题有哪些，并且能够去想办法去正确地引导他们主动、积极地改正。

# 挖掘孩子的学习潜能

现如今，很多父母对于怎样培养孩子成才都有一定的硬性"指向"，比如：要求孩子参加各种辅导班、夏令营，必须精通琴棋书画等等。

## 适合孩子的才是最好的

孩子们除了面对繁忙的功课外，还要应付各种学习班，身心疲惫，完全没有休息时间。父母们这种把内容丰富的家庭教育，错误地等同于文化知识学习的做法，只会增加孩子的心理压力，造成孩子心理的畸形发展，严重的则会扼杀孩子的想象力和创造力，从而泯灭了孩子原有的创造性火花。

朋朋是个非常聪明的孩子，成绩很好，特别是数学，从来都是一听就懂，在班里数学一直是第一名，还曾经获得市里数学单科竞赛冠军。不过，朋朋的学习也有差强人意的地方，就是不管他怎么努力，作文总是写不好。

朋朋的父母总拿朋朋的作文和他班里作文最好的同学相比，经常批评朋朋没有想象力，缺少语言组织能力等等。

朋朋原本还计划多看一些课外读物，弥补自己作文的不足，提高写作水平，可是听到爸妈多次批评自己之后，朋朋便开始破罐破摔，他也开始承认自己没有写作能力了，并越来越厌恶作文。

"夫子教人，各因其材"，这句话是宋代理学家朱熹总结的孔子教育学生的方法。由此可见，因材施教自古有之。但现代的很多父母却不懂得因材施教，他们望子成龙，希望孩子在今后的激烈竞争中取胜，可是他们就像上述故事中朋朋的父母那样，结果事与愿违。

　　究其原因，就是家长没有注重孩子的自然天性，缺乏对孩子个性特点的了解，更没有因材施教的结果。

　　就像上述例子中朋朋的父母，不正视孩子自身的特点，对孩子要求过于苛刻，一味地拿孩子的不足与其他孩子的长处进行比较，这种做法不但会伤害孩子的自尊，而且容易使孩子自暴自弃。父母如果不因材施教，只会使事情越来越糟。

**因材施教，让孩子成功**

　　所谓因材施教，就是不去照搬别人教育孩子的成功模式。父母要根据自己孩子的特点，给孩子定下合适的目标，提出合理的要求。

　　下面来看一下名人因材施教的故事：

　　　　原中国外交部长李肇星的夫人秦小梅女士讲过这样的一件事：她的儿子李禾禾在上学前班时，曾经学过一年的绘画，没想到禾禾在学前班画的毛笔画《小蝌蚪找妈妈》竟得了少年儿童绘画比赛二等奖，这件事使夫妻俩在高兴地同时，也肯定地认为儿子将来一定能在绘画上有所成就。

　　　　可是过了一段时间，他们通过观察发现，禾禾的心思并不在绘画上，于是夫妻俩也就没有勉强他继续画画了。

让人没有想到的是，禾禾上小学三年级时突然喜欢上了数学，自己主动去报了奥林匹克数学班，每到星期天不用父母督促，禾禾自己就会从东城骑着自行车去西城的奥校上课，寒冬酷暑、风雨无阻。

于是，李禾禾的数学成绩越来越好，最后他凭借自己的努力，以优异的成绩考上了北京四中。

这个成功的例子，充分说明因材施教的重要性。李肇星夫妇看似"放任自流"的做法无疑是对的。原因就在于父母设定的"指标"不一定是孩子想要努力的方向，随着孩子自我个性的逐步发展与完善，他往往会主动寻找自己的兴趣和意愿。

对于孩子的意愿父母应该审时度势，给以充分的尊重、理解和支持，给他们提供相应的条件，帮助其成才。

在实际生活中，父母对孩子的期望变成"有意栽花花不开，无心插柳柳成荫"的现象屡见不鲜。若是父母不顾孩子意愿来强迫压制孩子，就有可能使孩子产生逆反心理，严重的还会影响父母和孩子间的关系。

总而言之，在日常生活中父母应该做个有心人，时刻关注孩子各方面的表现及特点，抓住有利时机，适时引导教育。只有这样，孩子的潜能，才会充分得以挖掘，父母美好的希望，也才有可能得以实现。

# 学习不是一件痛苦事

"学习是一件痛苦的事情！"相信十有八九的孩子，看到这个观点都会表示极力赞同。很多人都认为，学习是乏味枯燥的，是无聊透顶的。可是，就是这样一件事情，却往往要伴随一个人十几年甚至一辈子。

实际上，学习并不痛苦，也不应该是痛苦的，孩子们之所以会感到痛苦，是因为没有找到其中的乐趣。作为父母，有责任帮助孩子找到学习的乐趣。

### 每个孩子都是"龙"

父母望子成龙，望女成凤的心情是可以理解的。在他们心里只记得"100分是龙。"为了孩子的学习，不管三七二十一，只要暑假一开始，他们就给孩子们报这个补习班，那个补习班，弄得孩子的神经紧张兮兮，饭吃不好，觉也睡不好，这种收效却甚微。

可是到头来，又有多少孩子能够成龙？事实上，每个孩子都是龙，都会在未来以不同的姿态腾飞。

杨帆在读小学五年级，暑假一到，妈妈就给他报了五个学习班。杨帆一听，顿时十分恼火。他非常生气，一口回绝道："不"！

爸爸、妈妈不解地问："那你想干什么"？

他没有好气地扯着嗓子喊："我要玩——"

这下可惹恼了父母，他与他爸爸妈妈理论："你们没有小时候吗？你们没有好玩的时候吗？你们不是从我这个时候长大的？你们小时候没参加过学习班，不是一样从大学里毕业的吗？再说了，法定的放假谁也无权剥夺！"杨帆连珠炮似的攻击使得父母败下阵来。

但他爸爸妈妈却不依不饶，爸爸还抄起了扫帚把子。好汉不吃眼前亏，他灵机一动，"吱溜"一下窜到房间里将门反锁上了。因刚才躲闪不及，后背重重地挨了一下，还很疼呢。

此时，爸爸妈妈在门外气急败坏地又敲又叫，他就是不开门。只见妈妈低三下四地，听起来都没有了底气了："咱只学三个班行了吧？"

"不行，至少得学五个。"爸爸在一旁也气急败坏地说，"敢不去，我就用棍子伺候他……"

在现实生活中，像杨帆父母这样的并不在少数。面对社会激烈的竞争，他们希望孩子能掌握更多的一技之长，将来好有更多的选择。我们可以理解，毕竟父母是孩子最亲最爱的人，他们都有望子成龙，望女成凤的心理。

但是现实中能成龙成凤的毕竟是少数人，而大多数人还是要成"人"。所以，在孩子还小的时候不要逼着孩子连续不断地参加各种各样的辅导班，这样只会把孩子弄得疲惫不堪。

特长可以培养，但不需太多，而且要从孩子的实际情况和兴趣出发，不是所有的孩子都可以成为钢琴家，也不是所有的孩子都可以成为乒乓球冠军。

在孩子小的时候，最主要的是让他们养成良好的习惯，包括学习的、生活的，至于学业，让孩子尽力做到自己的"最好"就可以了。

**尊重孩子的选择**

我们没有必要把自己的主观愿望强加到孩子的身上，如果这样的话，孩子不但没有学好。反而使他们产生一种叛逆的心理，你越是让他干什么，他越是不干什么，久而久之，就会破坏你与孩子之间最亲最爱的感情。

人们常说，父母是孩子最好的老师。作为父母，如何做才能够成为孩子最好的老师呢？怎样才能够使孩子与父母不会产生代沟呢？事实上，每个父母都希望自己的孩子成为人中之龙。

但是，要想使孩子成为你心中的"龙"，就应该以更宽广的胸怀来对待他们。世界上没有两片相同的树叶，要承认孩子之间存在的差异。成长中也难免出错，要允许孩子犯错，宽容他们的非主观落后，保护他们的自信心和自尊心。

要尊重孩子，特别是那些个性强的孩子，父母不能歧视或冷落那些逃学厌学、脾气倔强、反抗易怒、情绪失调和行为偏差的孩子，要公正公平地对待他们，用爱心引导他们，使他们感受到父母的温暖，感受到爱的光明。此时，你的教育则充满力量，孩子将会成为你心目中的龙。

**让孩子成"龙"的方法**

教育孩子的方法有多种，做父母的不要以自己的主观愿望强加给孩子们，因为孩子毕竟是孩子，他们同样有一片属于自己的天空。从现在开始，如果孩子对你的教育不满，则说明你的教育方法是不对的，为了孩子的幸福，请父母们一定要加以改正！我们可以转换一下角度，站在孩子的角度去考虑问题，一切难题将会迎刃而解。

其实，每个孩子都渴望得到父母的爱、父母的肯定以及父母的鼓励与赞美。对于教育孩子来说，孩子教育是爱的教育，是阳光教育。

只要父母始终对所有孩子充满尊重、宽容和期待，肯定他们的每一次进步，鼓励他们超越自己，不要与其他孩子做比较，更不要抛弃、歧视自己的孩子，做他们的贴心人，帮助他们树立自信心，表现出对他们的足够尊重、关注和期待，并激发他们的进取心，相信每个孩子都会给你带来惊喜，都会成为"龙"。

在未来的社会中，你的孩子也必将会以不同的姿态腾空而起，从而为社会做出贡献。

# 正确教育孩子的方式

教育是循循善诱、引导关怀，而不是和孩子"过招"。父母打孩子，常常是出于一时冲动，但却会造成不可弥补的严重后果，会使孩子产生不良的心态和心理偏差。

### 打骂孩子的不良影响

我们不妨看一下那些经常挨打的孩子，久而久之，就会出现严重的不良心态和心理偏差，学习下降者有之，自杀轻生者有之……

李阳今年上小学五年级，尽管聪明伶俐，但是写作业时丢三落四，比如数学作业常常把78抄成87，或写字时上下偏旁部首颠倒，把大刀写成大几，大使馆写成大吏馆。

有时候还抄不全老师所留的家庭作业。父母认为李阳嫌作业多，想偷懒，写作业马马虎虎，为此李阳经常受到责骂，甚至挨打，学习成绩也因此一路下滑。

中国有句古话：棍棒之下出孝子。此话乍听有理，可仔细分析一番却漏洞百出。处于青春期的孩子有自己稚嫩的心，有自己的自尊，有着很易受伤害的小小身躯。

打骂恐吓等"招数"尽管可能收到一时之效，可伴随而来的却是一系列不良后果。就如上例中的李阳一样，因此，家长在教育孩子时一定要注意方式方法，否则弄巧成拙、过犹不及。

在孩子的成长过程中，父母的手应该是充满温情与关爱的，而不是让孩子感到陌生和恐惧的。一个在战战兢兢中成长的孩子，负面行为会越来越突出，比如不敢表达自己真实的感觉就说谎，有需求不敢说就偷窃等。但父母们又时常感到迷茫，因为除了打骂之外，他们好像很难以找到有效的教养方法。

**不打不骂的八大管教妙法**

一是多关心了解孩子的情况。在忙于工作的同时，父母一定要留出关心孩子的时间，多和孩子、孩子的老师沟通，尽量对孩子在学校中的表现有一个全面掌握。只有这样，才能少一分误解，也能使父母更加明白应该怎样去引导孩子。

二是吸收教育新知。父母的教育方式也应该随着社会变化而不断进步，为了孩子的身心健康，父母就要责无旁贷地主动吸收教育新知。

在中国传统的教子观念中，多数时候是父母用权威来压制孩子，而打骂更是父母执行权威教育的重要方法。在新时代，父母只有吸收新知识才能跳出自己的成长经验，及时调整自己的教育观念。

三是和孩子讲道理。作为父母，除了在日常小事中教育孩子之外，也要在更多突发事件的情境中，教育孩子一定的道理。使孩子拥有同理心，遇事能够从对方的角度去体会，真正明白自己的行为会怎样影响他人。父母可以根据孩子的年龄来选择讲道理的方式。

四是让孩子亲身去体验。若是孩子不听管教，那么在保证安全和没有危险的前提下，家长也可以让孩子自己体会"自食恶果"的滋味。孩子有了亲身体验，就会从内心深刻地领悟到家长的教导，是有多么正确和重要。

五是遇事和孩子商量。别以为孩子会心甘情愿按照大人的心意去生活，那样只会使孩子痛苦，就连大人也不开心。孩子也是一个独立的人，当然有他自己想做的事，所以遇事和孩子商量，各退一步也许是很好的方法。

六是愤怒时不管教孩子。当你情绪失控时，是肯定无法以理性的方式来管教孩子。所以，当父母不能平静下来的时候，可以暂时离开现场，或是转移自己的注意力去做别的事，如打电话和朋友聊天、听音乐等。等到怒气平息之后，再和孩子好好沟通。

七是修正对孩子的期望。有些父母望子成龙过于心切，总拿自己都做不到的标准来要求孩子。其实，父母设身处地站在孩子的角度想一想，孩子年龄还小，有好动、固执、健忘等表现都很正常。

父母对孩子高标准严要求时，也一定要考虑孩子的成长状况，不能总是拿放大镜去看待孩子的表现。

八是真诚对待孩子。在中国传统的观念中，父母是高高在上的。在现实中，有些父母在和孩子沟通之时，一味喜欢用指责或命令式的语气，这其实是很难让孩子接受的。

其实，亲子之间的沟通原本应该是没有距离的，当父母将自己的担心或情绪真诚地解释给孩子听时，孩子是能够了解到自己的行为，会令父母难过、担心、惧怕的。

只要父母和孩子站在一条水平线上，用平和的语气和真诚的态度去和孩子交流，你就会发现，事实上孩子是很乐意体贴爸爸妈妈的！

# 放手让孩子独立学习

为了孩子的一切，父母甘愿放弃自己的宝贵时间来陪孩子学习。须不知，父母陪孩子的时间越长，扮演的角色越接近监工，但孩子从骨子里就越不喜欢这个监工。

从表面上看，孩子暂时屈从了父母，其实在内心却十分不情愿。因此，父母一直陪孩子，不是在培养孩子的好习惯，而是在瓦解好习惯，是对孩子自制力的日渐磨损。

**"监工父母"，让孩子更懒惰**

小丽刚上小学不久，对老师布置的作业感到十分新鲜。

一回到家，第一件事就是写作业，她那神情就像对待刚买回来的布娃娃似的。

可时间一长，她便失去了那种新鲜感。回家后就先吃东西、玩耍、看电视，一直磨蹭着不去写作业。当父母发现她已经有好几天都是这样，妈妈对她说："丽丽，快写作业去，写完再去玩。"

小丽却说："等一下，我看完这一点就去。"妈妈就没有再理会她，以为她一会就去写了。可是，过了好一会儿，丽丽还是没有去。

妈妈急了："你怎么还不去写？"上前就把电视给她关上了。这时，小丽才不情愿地去写。有时候，小丽的爸妈提醒她去写作业。但是，他们觉得这样下去不行，于是就想了一个办法。

有一天，小丽回家后，她一直没写作业。先看动画片，饭后玩了一会儿玩具，然后又看书，又看会儿电视。之后，她就开始洗脸刷牙，躺床上要睡觉时，才想起今天忘了写作业，急得哭起来。

爸爸和妈妈其实早就着急了，但她们一直装着没注意她的作业问题。这时她们才做出和小丽一样着急的神情，说："是吗，你今天没写作业啊？"

妈妈说："要不，今天不写了，明天早上再写？"可小丽知道，这样不行，爸爸说："你今天想写就写，不想写就明天早上写。"

小丽怎么都觉得不好。于是，她还是爬起来开始写作业。经过这次以后，小丽再也没有忘记写作业，她总是先把作业写完，再去玩。

孩子刚上学，有的父母就经常陪着孩子做功课，每天还要检查孩子的作业要求。这些成为父母的必修之课，却不知这样不利于孩子形成良好的习惯，他们往往会依赖于父母，只要父母不在旁边督促他们对作业就会打马虎。如果父母顾不上孩子的话，这样就会形成孩子散漫的性格，从而不利于孩子的成长。

因此，父母应该让孩子自己认识到事情的轻重，让他们自己把握什么事情该做，什么事情不该做，在什么情况下做什么事才是最重要的。即使父母不在身边他们也会照样做下去的，因为他们已经形成一种良好的习惯。孩子能否成才的关键，就是看他是否形成良好的习惯。

有人说，一个人，首先是个自由的人，才可能成为一个自觉的人。陪孩子写作业，现已成为家长的"功课"。父母陪的目的是希望有两个提高：一是效率高，二是质量高。

所以只要看到孩子磨蹭或不认真，就会告诉他要抓紧时间写，认真写。天天陪，这些话差不多也天天说，因为孩子几乎不可能那么安安静静地长时间坐着，大多数情况下也不会把作业写得那么完善。

刚开始孩子还会在意父母的话，可时间长了他们也就不在意了。这时，父母就会说得不耐烦，孩子在情绪上也开始与父母产生对立。于是，事情很有可能走向恶性循环。

**让孩子学习自立起来**

在教育孩子时，父母不是天天陪孩子做作业，而是应该让他们养成写作业的好习惯，这才是最终的目的。每一个人的天性都是追求自由的，尤其是孩子，他们更需要自由，不希望有太多的条条框框束缚着他们。

否则，孩子就会感到不自由，进而兴趣就会荡然无存。这样的教育势必造成孩子走向你的对立面，也就达不到父母教育孩子最初的目的。

在教育孩子上，对于"陪"与"不陪"不要理解得简单化和绝对化。在这里强调的是，要培养孩子在学习上或在其他的一些事情上的自觉、独立意识，防止孩子养成依赖父母，没有自觉性的坏习惯。

在教育孩子方面，父母是帮孩子养成良好的习惯，而不是替孩子做这做那。好的习惯一旦形成，即使没有父母的督促，孩子也会自觉地做自己该做的事情。

# 用思考打开智慧之窗

人们都说，一个智慧的人是善于思考的，而常于思考的人也是多智慧的。

### 用独立思考开启孩子智慧之门

如果你想让你的孩子成为有智慧的人，那么，从现在开始就应该注重培养孩子独立思考的能力，用孩子独立思考的力量来开启孩子的智慧之窗。

刚满五岁的张鹏，是一个聪明、活泼的孩子。他特别喜欢动物和看动物的书，所以他的爸爸妈妈尽可能利用晚上或周末的时间带他到书城去看书，让他翻看各类的书籍，让他自主的挑书。

在回来时爸爸妈妈也都会买一本他喜欢的书回来，一般情况都是动物类的书，由于是他自己挑选的，所以特别喜欢看，还不停地问为什么？就这样，张鹏认识了书上大部分的动物。

有一天，爸爸问他："鹏鹏，想不想去野生动物园看看？"

这时，鹏鹏高兴极了："我特别想去，想看看那漂亮的孔雀！"

在周末的时候，他们一家人去了野生动物园，鹏鹏别提有多高兴了，看见什么都比较新奇。在玩的过程中，他还将平时学到的知识向爸爸妈妈"卖弄"。他就问爸爸："孔雀开屏是雄的还是母的，为什么？"

这时，爸爸为了增强鹏鹏学习的信心，故意装作："我还不知道呢？你说，开屏的孔雀是雄的还是母的呀？"

鹏鹏将在书上看到的知识告诉爸爸，爸爸说："鹏鹏看书好不好，你看你现在本领多大啊，比爸妈都厉害，以后我们要向你学习多看书多观察。"

鹏鹏更加得意！从此，他养成了爱看书，爱思考的好习惯，凡事不明白的问题他总爱问爸爸妈妈，有时候问得父母都无从回答，不过他们尽量给鹏鹏以解答。

在当今的时代，我们已经处于"信息时代"，处在"知识爆炸"时代。从客观上来讲，对每个人的思考能力提出了很大的挑战。凡是越有思考能力的孩子，求知欲望就越强，终身学习的能力就越强，创造力就越强。

这种能力，使他能够与时俱进，因而这种人也备受社会的欢迎。所以，作为孩子的父母，当孩子向你提出类似的问题时，不要以孩子还不懂为由，草草了事，更不能抹杀孩子独立思考的能力。

当孩子提出类似问题时，父母应该感到高兴才对，说明你的孩子开始有了独立思考的能力。现在有许多父母已经认识到，要让自己的孩子跟上时代发展的步伐，必须教会孩子一些思考的能力。

因此，父母们应该想尽各种方法与孩子一起做各种有利于孩子思考的游戏，陪孩子阅读一些有关科普之类的书刊，尽量给孩子多余的时间让他们思考。如果孩子学会这种思维能力，他们将会受益终身。

### 尊重，会让孩子爱动脑

在教育孩子时，父母还应该尊重他的意见和想法。注意和孩子的交流，注意倾听孩子的意见和想法，孩子稍大，就会对事物有一些自己的想法，父母做出与他有关的决定要征询他的意见。

如果不存在原则性的问题，父母应该尊重孩子的意见，如果无法按孩子意见办，父母应该耐心说服他，如果父母的决定错了，也应该向孩子承认错误。这样，孩子就会觉得自己的意见受到重视，就会凡事乐于思考，乐于表达自己的意见。时间长了，孩子就会养成爱动脑子的好习惯。


有一位成功的父亲曾是这样教育自己的孩子的：女儿小时候爱向他提问题，他总是给女儿以问号，从不给句号。

这样，大大激发了女儿的好奇心，女儿从小就好发问，好思考。长大之后，这位女儿取得了优异成绩和杰出成就。

有人说，没有知识，思想就成了无源之水，知识丰富，思想才会深刻。对于孩子来说，父母的作用远远超过老师，可以说是孩子最重要的老师。孩子向你提出问题的时候是她最感兴趣的，只要教给她的知识，她就能记得最牢。

所以，父母对孩子提出来的问题要认真地解答。同时，孩子对新事物也是比较容易产生好奇心。为了激发孩子的好奇心，让孩子学到更多知识，平时就要带孩子多走多看，引导孩子多思多想，如此，就会使孩子获得更多的知识。

# 会阅读的孩子更成功

对孩子来说，阅读是如此重要。阅读可以让孩子了解自然与社会，从而获得更多的知识和经验；阅读能够激发孩子学习的动力和看书的兴趣，从而可以提高孩子语言的能力。

**阅读是开启智慧之门的钥匙**

在现实生活中，会阅读的孩子往往更容易获得成功。因此，阅读成为开发孩子智慧的金钥匙，对孩子的成长有着重大意义。

李冰是小学五年级的学生。他的作文每次都被老师作为范文读给同学们听，所以，老师每次阅读他的作文时，他都非常高兴。

之所以李冰的作文写得如此好，是因为他经常以书籍为伍，而且每天他妈妈和他一起阅读，这个时候也是他最开心的时候。有什么不懂的问题都可以问妈妈，所以，他对阅读书籍也非常感兴趣。

一开始，李冰也不喜欢读书，有一次，妈妈见他没有读书的心思就说："冰儿，咱们一起读好不好？"

此时，李冰虽然一脸的不高兴，但他还是同意和妈妈一起读。妈妈读一段话，他也读一段话。有时候，他和妈妈在阅读童话书时，还相互安排好角色，以适合角色的声音注入感情来朗读。

此时，李冰觉得非常有意思。渐渐地，他养成了阅读的好习惯，即使妈妈不在，他也能照样读下去因为他发现书中有好多有趣的事。因此，李冰的写作能力大大得到提高。

现在，有很多孩子都不喜欢看书，即使看了也不懂书里在写些什么。这都是因为阅读能力低下的关系。而阅读能力的高低，直接影响到孩子的各项表现！

从读书考试到人际关系，从求职面试到未来发展，都需要有良好的文字理解能力和语言表达能力，而这些能力的培养都要靠阅读！因此，在培养孩子的阅读能力时，尤为引起父母的重视。

据有研究表明：学龄前是培养孩子阅读兴趣和阅读能力的关键阶段。因为孩子的阅读能力与未来的学习成绩密切相关。所以孩子的阅读经验越丰富、阅读能力越高，就越有利于各方面的学习，而且阅读越早越有利。

因此，在孩子小学三年级之前，父母必须培养孩子具备良好的阅读能力，这是直接关系到孩子未来成功与否的关键。

### 阅读增加知识，知识改变命运

每个人都懂得知识改变命运，而阅读则是获取知识的主要途径。所以从某种意义上来说，阅读改变命运。为了孩子的前途，希望父母能够做出一些牺牲，陪着孩子一起阅读，相信你就会从中获得无以言表的快乐！

对于孩子来说，早期阅读是需要父母牵引的。但对于父母来说，陪孩子阅读并不是一件愉快的事情，甚至还会令他们烦躁。但是为了孩子的将来请不要烦，每天抽出十几分钟与孩子一起看书并不过分，这是培养亲子感情的最佳时机。

只要培养出孩子阅读的好习惯，以后就不会太麻烦了。相反，孩子取得优异的成绩，还会令你更加自豪和骄傲的！

父母在培养孩子阅读时，要注意把握方法。不要让孩子产生对书的厌恶情绪，而是要引导他们发现书中的乐趣，从而就会增强他们阅读的兴趣。

教孩子阅读不只是为了让他们将来学习好，有个好工作，也不只是为了让他们未来的精神生活更美好，教导孩子阅读的同时，也是为了让孩子未来的日常生活更方便。

当今社会竞争如此激烈，一个孩子如果没有阅读能力，就不会有更好的理解能力，将来也就无法立足于社会。由此可见，培养孩子阅读的能力才是最重要的，而父母在培养孩子阅读能力中，也将扮演着重要的角色。

# 让孩子插上想象的翅膀

随着社会不断进步，时代在变，孩子的思想在变，教育孩子的方法也应该变。现在孩子的思想特别活跃，这与所处的社会大环境是有关系的，父母不能用固有的思维方式去教育现在的孩子，应该充分调动孩子的积极性，给孩子以想象的空间。

**不要扼杀孩子的想象力**

孩子看到的世界是独特的，想象力也是非常丰富，如果父母用成人的思维方式对他们粗暴的干涉，就会扼杀他们的想象力和创造力。

巧巧是个聪明、活泼、可爱的孩子。她总以在教育妈妈，都可以当她妈妈的老师了。妈妈让她写作业。她会说："孩子要有一个快乐的童年，只有玩我才感到快乐。"

她办了错事，妈妈批评她。她会说："孩子应该多鼓励不应该批评，你就不会做家长，你应该学学怎样做家长。"

妈妈生气地说："难道你做错了事情也要表扬吗？那你以后会接着错下去的，妈妈就是要告诉你什么是对的，什么是错的，你以后才不会犯同样的错误。"

她却说："做错了也得表扬，只有在表扬中孩子才能改正错误。"而且她的想象力很丰富，经常是突发奇想。早晨起来，她说："妈妈，我要做宝宝奶酪。"于是，把牛奶、鸡蛋、巧克力粉混在一起，放在微波炉里，一会出来，一尝不好吃，也不吃了，放在一边不管了。

有一次，去卫生间的工夫，她就把妈妈擦玻璃的水和喷头发的混在一个瓶子里，还说："妈妈你看，瓶子里是有颜色的，喷出来就没颜色了，我在做实验。"

她还经常拿着彩笔往衣服上画，白色的衣服被她画上各种图案，还让我看："妈妈，你看我画的多漂亮呀。"可这样的衣服一洗就不能穿了。巧巧的想象力常常弄得大家哭笑不得。

有时妈妈生气了，要打她，她一看情况不对，转身就跑，还和你做着各种鬼脸。有时被妈妈抓住，打上几下，她还不服对我说："孩子是不能打的，你要和她讲道理，老打孩子会变得不聪明的。"

大家听听，也不知道巧巧是从哪来那么多歪理。但这正是她想象力的充分表现，虽然妈妈有时很生气，但是也是非常高兴地，还常常同她一起理论这些歪理。

有很多父母认为，现在教育一个孩子是多么不容易呀！这也或许是他们教育孩子的心得吧。如果你要是没有多少文化，讲不出一定的道理，孩子根本不会服你。

但这同时也是一件好事，促使当父母的也要不断地学习，不断地提高自己。只有这样你才能跟上时代的步伐，才会使你讲出来的道理，让孩子心服口服。以前凭着打骂孩子来教育孩子，在这个时代里是行不通的，父母必须多学习，多思考，才能够教育好孩子。

**想象力是孩子一生的财富**

爱因斯坦曾说："想象力比知识更重要，因为知识是有限的，而想象力概括着世界上的一切，推动着进步，并且是知识进化的源泉。"孩子的想象力是天生的，也是后天培养的。作为孩子的父母，不仅应该对孩子的想象力给予保护和鼓励，还要创造条件，让孩子们异想天开。

大家都知道，孩子在幼儿时期都特别喜欢看童话故事。而当他们上了小学、中学以后，又常常认为童话是那么的幼稚而不屑一顾。究其原因，是他们的想象力受到了一定程度的扼杀。因此，作为孩子的父母，让孩子的想象力持续下去是一项很重要的工作。

在教育孩子时，父母应该鼓励孩子要发挥自己的想象力，而不是扼杀孩子的想象力。孩子不能没有期待，不能没有想象，不能没有梦幻。因为只要有了期待，就有可能有追求；只要有了想象，才有可能有创造；只要有了梦幻，才有可能有生命不息、奋斗不止的执着。

父母应在孩子的黄金时节，给孩子创设一种宽松的表达环境、一个宽广的作文天地，让孩子放飞想象，"我手写我口"，从而顺利地带领孩子走入快乐想象的殿堂，使孩子们的写作焕发出勃勃的生命力！

# 培养自主学习的能力

孩子有自主学习的能力，对其一生都是有益的。现代社会竞争日益激烈，竞争主要体现在人才的竞争，所以知识对于现代人越来越占有主导地位。

**知识需要不断地更新**

现在知识更新的速度越来越快，在幼儿园、学校学到的知识也许会在孩子刚踏入社会时就已经淘汰了。

为了适应这个日新月异的现代社会，孩子不得不具有自主学习的能力，这样才能够在将来的工作和学习中不断进行知识更新，实现自我的不断发展。因此，父母应重视培养孩子自主学习的能力。

有一次，王梅拿着一张语文考试试卷让爸爸签名。当她爸爸一看成绩才六十二分，一下子就冒火了："你怎么考的！这么低的分数也做得出来，我不签。"

王梅望着爸爸那气愤的表情，眼泪哗哗哗的就流了下来。看着女儿流满泪水的脸，爸爸意识到自己刚才的态度是不对的，于是对女儿说："爸爸刚才态度不好，请你原谅。你说说这分数是怎么回事呢？"

王梅说："由于参加兴趣活动，回家晚了，作业多，人又累没有好好的复习。"

"以后要注意，要学会合理安排时间，做到学习和兴趣爱好两不误。"王梅点了点头！"现在我把名签了，我们一起来分析卷子，找找错的原因好吗？"

听了爸爸这么一说王梅也高兴地说："爸爸，我知道了我会努力的。"从此以后，王梅养成了自主学习的好习惯，每次考试的成绩也都没有让爸爸妈妈失望。

作为父母都将孩子视为掌上明珠。而孩子当然喜欢生活在父母的怀抱里，但是他不能永远这样生活。

曾经有这样一位母亲，孩子已经上小学二年级了，送他上学还要费力地背着他走，直到离学校几十米远的地方，因为怕老师看见，才不情愿地把孩子放下来……

由此可见，一个这样被母亲呵护长大的孩子，他的自主性从何谈起呢？做父母应根据孩子自身的特点和能力，扩大孩子自由活动的空间，鼓励他们找一些小朋友玩，让他们在自己的空间里当主人。

有不少父母认为，孩子还小，不懂得安排自己的活动，所以他们包办了孩子的一切。但如果父母完全包办了孩子的时间安排，孩子只是去执行，而这种培养孩子的方法只是拔苗助长违反了客观规律，肯定是失败的，孩子的自主性就永远培养不出来了。

但采取消极地完全"顺其自然"的态度也是不利于孩子的成长。只有遵照客观规律，积极创造条件，让孩子去锻炼，才是父母正确的做法。

**让孩子做个学习的主人**

孩子的自主性主要体现在其自主选择上。但有很多父母怕孩子选择错误，从来不给孩子选择的权利。这样的孩子长大后就不可能适应竞争激烈的社会生活。

所以，父母该应主动给孩子选择的权利，并告诉他们要对自己的选择负责。这样教育孩子才是明智的做法，才能培养出孩子的自主性，才有利于孩子将来的发展。

在教育孩子的过程中，父母培养孩子学习的自主性是最重要的。自主学习就是孩子依靠自己的努力，自觉、主动地获取知识。当然，孩子的自主学习能力不是与生俱来的，而是通过学习逐渐形成的。

而父母则是孩子不可替代的启蒙者，是孩子的第一任老师，孩子自主学习能力的提高是离不开父母培养的。因此，父母应该注重培养孩子的自主学习能力，才是最关键的。

培养孩子自主学习能力，是一件既漫长而又艰苦的事情，需要父母保持一颗平常、宽容、理解的心，才能引导孩子走上正确的道路。孩子才可以快乐地学习和生活，才拥有自由发挥的空间。

因此，父母应该多多给予孩子鼓励，帮孩子扬起自信的风帆，这样，才能够使孩子驶向成功的彼岸。


# 学习需要循序渐进


有些父母埋怨现在的孩子不能吃苦，不能像自己小时候一样。

他们往往以自己的亲身经历和自己的主观意愿来要求孩子。事实上，我们已经不能让孩子再重复曾经的生活，也不可能让他们再倒回去过那种艰苦的岁月，否则社会的进步就没有任何意义了。

**攀比只会让孩子失去信心**

父母切忌一味地攀比分数，不切实际地严格要求孩子，急功近利压力太大，往往会使孩子变得更脆弱，更不堪重负。

淘淘是一个十分聪明、可爱的孩子，但有一点特别淘气。他已经上小学三年级了，可是，很少见他学习，整天只知道玩。为了学习的事情，淘淘在平时少不了爸爸的呵斥，但终究起不到多大效果。

为此，淘淘爸爸也不少操心。为了能管教好孩子，爸爸开始看一些有关儿童教育之类的书，慢慢有了教育孩子的方法。

有一次，老师让淘淘做一道数学题，他做不出来，老师说了他几句，他就不愿意了，开始和老师顶起来。老师很生气，让淘淘把爸爸叫来了，就说："你家的孩子实在太淘气了，回去一定要好好教育才是！"

爸爸听说淘淘在课堂上不听老师的话，还不遵守课堂纪律很是生气。回到家之后，他就问淘淘："你为什么不好好学习？为什么不听老师的话？"

淘淘说："不就没有做出一道数学题吗？有什么了不起的？"

爸爸听了儿子的话很是气愤，但他已经懂得教育孩子的方法了。这次，爸爸没有向淘淘发火，而是耐心地说：

"淘淘，你不会做题可以再问老师，但不能同老师顶撞啊！更不能破坏课堂纪律！这样做是不对的，明天要给老师道歉，知道吗？"

听了爸爸的话，淘淘不像刚才那么嚣张了，他开始软了下来："我知道错了，明天就去给老师道歉，请他原谅。"

经过这次的教育，淘淘有了很大的改善，慢慢地，他再也不那么淘气了，而且还对学习有了兴趣。在年末评比中，淘淘还得了一个优秀学生的奖状。


作为父母，一天工作下来，累得都不行了，所以他们也懒得再去管教孩子，放在孩子身上精力就会较少。其实，每个父母都是望子成龙的，但有时也会恨铁不成钢。

可对于孩子一贯的坏毛病，父母也是见怪不怪的事情了，他们似乎对孩子失去了信心，任由他们去疯，去玩，反正孩子已经成这样了，再教也是教不好了。

**教育孩子有方法**

现实生活中，有的父母往往不注意方法，他们不考虑孩子还处在年幼的具体情况，不适当地订出"每天一定要识几个字、做多少数学题"的计划，不管孩子愿意不愿意，强行施加压力，拼命地往孩子脑里塞。这样做，只能让孩子对学习产生一种厌恶的情绪。

孩子之所以会养成现在的坏毛病，错误不在孩子身上，而在于父母从小就没有培养孩子养成良好的生活习惯。孩子淘气，不听话，不写作业等等所有不好的习惯，都是从小养成的。只要父母平时多注意孩子的一举一动，教他们改掉坏的毛病，养成好的习惯，就不会有现在淘气的孩子了。

父母教育孩子是需要讲究方法的。只有方法正确，才能达到事半功倍效果，这叫作"教子有方"。否则，即使满腔热情，但方法不对头，还是得不到好的效果，事倍功半，只能干着急。

所以，教育孩子要有耐心才能深入细致、真正地去了解孩子，把握住孩子的思想脉搏，在教育上有的放矢；有耐心才能采用说服方法，正面引导，以理服人，使孩子从思想上提高认识；有耐心才能使孩子与父母说真心话，不至于导致撒谎与欺骗父母的行为发生，从而有利于父母对子女进一步的严格要求。

父母教育孩子要有耐心，慢慢来，孩子一切都会好起来的。不管孩子有多少坏毛病，只要父母教育方法得当，就能使孩子养成良好习惯。

但还有些父母望子成龙心切，只要孩子有一丁点不好的习惯就加以训斥，这样反而使孩子产生一种逆反的心理。

对孩子操之过急，欲速则不达，对向成人期发展的孩子，要善于诱导，逐渐培养孩子的良好习惯和个性，处理每一件事情，不能知其然，而不知其所以然。

对孩子的教育要推心置腹，以理服人。有时，为了解决问题，不能单刀直入，应先了解其兴趣爱好。只有把孩子当朋友相交，才能恰如其分地解决问题。

# 在实践中享受学习乐趣

有人曾这样说："告诉我，我会忘记；做给我看，我会记得；让我亲做，我才懂得。"这说明亲身体验在学习中是非常重要的。

**实践让记忆更深刻**

据有关资料表明：说听过一遍或看过一遍只能记住材料的25%，而自己做过一遍或说过一遍却能记住70%。因此，只有孩子亲身体验到时代的气息，生活的脉搏，才能使他们在实践中享受到学习的乐趣。

赵刚已经五岁多了，现在上幼儿中班。在幼儿园，他各个方面表现得都很好，但唯独对数学不感兴趣。

为了激起他对学数学的兴趣，在"复习10以内的加减法"时，妈妈利用故事的形式给他出了一道题：

小兔子的好朋友给他过生日，小熊住在森林深处，一大早就赶来了。他带了2桶最好的蜂蜜送给小兔子。看，隔老远，他就喊起来了，"小兔，小兔，快开门，你看我给你送什么来了？"

小兔子早就闻到蜂蜜的甜味了，她赶忙迎出来，"谢谢、谢谢，快屋里坐吧！"

不一会儿，小花猫也来了，送给小兔5个苹果，小猴也赶来了，他从果园里摘了6个桃给她。小鸡也赶来了，但她什么也没送，还偷吃了3个苹果，小兔子不高兴了，请问，小兔共收了多少个水果？最后还有几个苹果？

他听完了这个栩栩如生的故事，赵刚学习积极性可高了，很快他们就列出了算式，算出了结果：5+6＝11；5-3＝2。

教后，妈妈还鼓励他，用编小故事的方法，利用书上的图片编故事，学习算术。赵刚学得兴高采烈，主动积极。从此，他对数学也不那么讨厌了，反而还增加了学数学的兴趣。

游戏、玩乐，是孩子们的天性。父母在教孩子时，适当地与他们一起做一些游戏活动，既有助于孩子体力、智力、交际能力的发展，又有利于激发孩子的学习兴趣。

实践证明，科学地采用游戏教育孩子将大有裨益。父母在教孩子时，不妨试一试，适当做一些游戏，让他们也参与到其中，从而就能激发孩子的兴趣。相信，一定会收到事半功半的效果。

孩子之所以对一些抽象思维的学习不感兴趣，是因为他们不能直观地了解到他们所要学的是什么。同时，孩子对一些新事物的了解还很少，理解也不会那么全面，所以孩子们学起来就会比较吃力，甚至拒绝学一些他们不懂得东西。

为了提高孩子学习的兴趣，就应该以游戏的形式，让他们参与进来，从而加深他们所要学的是什么，在了解之后，他们知道了事情的缘由，从而就大大提高了他们学习的兴趣。因此，孩子们学起来就比较快，在学习的过程中，就会获得更多的乐趣。

**兴趣是孩子最好的老师**

在教育孩子时，最重要的就是激发孩子的兴趣。伟大的教育家苏霍姆·林斯基说过："如果学生们没有学习兴趣的话，我们所有的想法、方案和设想都会化为灰烬，变成木乃伊。"

在学习新的知识时，父母应该有针对性地设计问题的情境，激发孩子主动参与的学习兴趣，从而使孩子产生积极发现问题，积极探究的欲望。在父母的循循善诱下，促使孩子敢想、敢问、敢说，诱发他们探究的意识，激活他们探究的思维，从而点燃孩子的"发现"之火、"研究"之火、"探索"之火。

父母在对孩子教育时，不仅要注重孩子获取知识的能力，还要重视孩子的社交能力、适应性能力、学习能力等各种心理素质的能力。只要孩子在实践中体验到学习的乐趣，就能激发他们学习的欲望。

父母在教育孩子时，更应该重视让孩子参与到学习当中，激发他们对学习的兴趣，这样就能使孩子在学习中享受到快乐。

# 课外阅读拓展你的知识

对于一个渴求知识的孩子来说，阅读能力是其成长过程中所必需的一种重要技能，不管对于应试还是未来的生存发展，阅读都是一种很有必要且有益的学习方式。

但现在一些父母为了让孩子有更多的时间学习功课，为了不使孩子因读课外阅读而导致学习成绩退步，会采取各种方式阻挠孩子阅读课外读物。

### 要正确地看待课外书籍

据调查，有些父母为了不让孩子读"课外书"，甚至不惜打骂。殊不知，这样做是在"害"孩子，父母应给孩子推荐适合孩子看的书，而不应一味地禁止孩子读课外书。

喜欢读课外书的杜飞向他的同桌借了一本厚厚的小说，说好一星期后就归还，但是一星期过去了，杜飞说书没有看完，要求再续借几天，但几天过去后杜飞仍未归还，还吞吞吐吐的，杜飞的同桌以为杜飞想赖着不还，就把这事告诉了老师。

老师向杜飞一了解，他竟哭了起来，说书已被他爸爸撕碎了。原来，他的爸爸一直反对他看"课外书"。借书之后，他回家就马上开始埋头读。刚巧他的爸爸喊他吃饭，连叫几遍他都没听到。等爸爸推开房门看到杜飞又在看"课外书"，而且看得很投入，火气顿时就不打一处来，一怒之下就把那本小说给撕了……

分析一下，故事中的父亲阻挠孩子看课外书的初衷也是为了孩子好，他担心孩子多读课外书会学"坏"，且冲击孩子读"教科书"，从而学习成绩受到影响，相信这也是众多父母不让孩子读"课外书"的重要原因。

事实上，父母们的这种担心是多余的。如果孩子懂得他的主要任务是学好功课，考试要考好，不会因为喜爱读课外书而放弃学习。就算有个别的孩子因为痴迷于读课外书而影响了学习，也是可以引导的。

父母反对孩子读课外书，可能还是因为担心孩子多读"课外书"会偏科。这种想法是没有道理的，广泛涉猎各种课外读物既有利于提高孩子的语文水平，又能扩大孩子的知识面，因为有很多知识是在教科书上学不到的。

聪明的父母都知道，课外读物是丰富孩子心灵世界、培养孩子兴趣的最好途径，严禁孩子看课外书的父母目光是短浅的。所以，父母不应强硬阻挠孩子读课外书。

但因为孩子尚未成熟，缺乏足够的分辨能力，尚未形成成熟的读书观。所以就要求父母在充分理解尊重孩子的基础上，对孩子看课外书进行正确引导。

### 引导孩子的课外阅读

一是以孩子的特点为孩子选课外书。父母可以根据孩子年龄为孩子推荐好的课外读物，选择时注意知识性与趣味性相结合。因此，父母为孩子选书，最好是和孩子一起讨论，以适应孩子的心理和兴趣。

在这样做的同时，父母还应对孩子讲清哪些书适合孩子看，哪些书会对孩子成长不利，而不是一味阻止孩子读课外书，随着孩子知识面的宽广和明辨是非能力的逐步提高，他们也会学会选择的。

二是充分尊重孩子对课外书的兴趣。选课外书要尊重孩子的兴趣，并不是说由着孩子的性子来。因为孩子的分辨力和自我约束力实际上并不成熟。

比如：暴力、淫秽、恐怖的读物，一定要严禁孩子看。父母可以孩子的兴趣为切入点，来培养孩子正确的阅读习惯。有时候，好的阅读习惯比多读书更重要。通常情况下，孩子会从天性出发选择自己喜欢的书，父母应予以尊重。

三是为孩子留出专门看课外书的时间。引导孩子合理安排课内学习和课阅读的时间，与孩子一起制订读书计划和时间表。当孩子很好地完成功课任务后，引导和鼓励孩子以自己的意愿读些课外书。

例如，与孩子约定好，放学回家后的这段休息时间可以看课外书，不过到了做功课的时间就不能再看了；还可以根据孩子当天功课量的多少弹性地增减孩子阅读课外读物的时间。

若孩子能自觉将时间调配得当，阅读课外书既不会妨碍孩子的功课，相反恰恰是拓展孩子知识领域的好方法。

# 第二章

# 正面管教，让孩子有个好心态

　　孩子的心态若是不好，就会衍生出许多的心理问题，这些问题会严重影响孩子的生理健康，对他们的未来成长无疑是有着巨大危害的。所以，这就需要父母有一个培养孩子心态的好办法了。

　　培养孩子的好心态，这对父母的心理素质提出了较高的要求。在日常生活中，父母要重视心态的培养，自己首先要有好的心态。父母对自己所从事的工作、对孩子对亲人要有爱有情，更要有责任。在培养孩子的好心态时，父母不妨记住三句话，即我是重要的，我是能干的，我是快乐的。这样，阳光、智慧的父母，一定能够帮助孩子养成一个好心态。

# 教会孩子摆脱悲观失望

　　心理学家认为，失望的心理简直就像普通的感冒一样，这种心理几乎每个人都有过。差别就在于有的人很快就能摆脱失望，而有的人却被失望长期羁绊着。其实感冒并不可怕，失望也是如此，只要你尽快治疗、尽快做自我调节，很快就能从失败的阴影里走出来。进而精力充沛地工作、学习。

　　著名的发明家爱迪生说："失败也是我需要的，它和成功对我一样有价值。"失败对于有志者来说，往往是动力的来源。面临失败我们不要悲观失望，而是要在失败中崛起，找出失败的原因并寻求进取之策，做到不达目标不罢休的决心。

**失望是不成熟的表现**

　　每个孩子都具有积极向上的进取之心，这与他们强烈的求知欲、自尊心和好胜心是密不可分的。

　　但由于孩子尚没有过多的人生经验，思考问题时也并不周密，往往带着浓厚的情感色彩去看待周围的人和事。然而，有时还片面地坚持己见，对老师或集体的要求，合乎己意的就去做，不合己意的就盲目地拒绝。

　　他们不能很好地控制自己，总是凭着自己的冲动去做事，如果事情成功了，就会为此沾沾自喜。如果事情没有做好或者失败了，他们就会悲观、失望、懊恼、后悔，从此一蹶不振。这一切都说明了他们意志和品质的发展还不成熟，缺乏自制力和自控能力。所以，摆脱不了失望的困惑。

其实，人生在世不如意的事十有八九。青少年在生活和学习中遇到挫折时，都会感到有一种失落感，有些青少年就会产生放弃学习的念头。

在这个时候就需要父母帮助孩子认真思考一下了，在这反复挣扎的过程中，自己应该怎样面对失败和挫折呢？有这样一句话：蜘蛛不会因为一次网破而不再吐丝，蛹也不会因为要面对破茧的痛苦而甘于死在茧内。所以，青少年在遇到挫折和失败时，不要一蹶不振、悲观失望。

此时，我们应该像蜘蛛那样保持积极向上的精神，像蛹那样不屈服于困难和失败，相信自己终有一天会走向成功。只要我们坚持不懈，不屈不挠，只要我们肯为目标而努力奋斗，就一定会摆脱失望，就一定会走向成功。

成功是需要我们在失败的时候勇于面对、积极向上、锲而不舍、不畏困苦、笑对失败。这样，成功就会离我们越来越近。

**摆脱失望经得起考验**

有成功就有失败。然而，成功可以给我们带来喜悦的心情，失败则会让我们感到失望、懊恼。这些事情在生活中都是很常见的，有的青少年看到成功就兴奋，看到失败就沮丧，甚至被失败彻底打倒，长久的沉浸在失望的情绪中，不能自拔。

那么，青少年应如何摆脱失望的心理呢？

一是确定自己的奋斗目标。目标对于每个青少年来说都非常重要。然而，确定自己的目标时，要根据自身条件和客观情况来规划自己的奋斗目标，切记目标不要过高，否则可能会带来负面影响。

如果自己的数学成绩很一般，却期盼在数学竞赛中能拿第一，其结果难免失望。如果自己的外语一窍不通，而却想很快当上外文翻译家，那岂不自寻失望吗？

在现实中，如果所做的事情与实际期望的不符合，那就会期望越高，失望就越是沉重。父母在帮助孩子制定目标时，要根据孩子自己的实际能力来确定相当的目标，这样就能减少失望的情绪。

二是努力战胜困难和挫折。在这个世界上，没有事事顺心的事，也没有一个人在一生只有幸运而没有困难。而那些成功的人，往往都是在历经艰难、百折不挠、坚持不懈，在一次次的失败中爬起来的，他们会在每次失望中重新树立自己的信心和动力。

就像爱迪生一样，在研制灯泡的试验中经历了无数次失败才取得了成功。倘若当时爱迪生知难而退，那么，他就不可能是发明电灯的创造者了。这说明，要克服失望的情绪就必须要经得起挫折和困难的考验。

三是善于接受各种批评。青少年当受到批评时，不要为此感到失望、不平和愤怒。此时，自己应该吸取教训，把所有的精力用来制定一项明确的计划，用来平息批评并重新起步。

不要把时间和精力浪费在彼此的抱怨上，应该积极向上，为自己的下一个目标而努力奋斗。

四是时刻充满胜利希望。学习、生活、创业是一个复杂而漫长的过程，也是一个连续不断的过程。有些青少年的失望，恰恰是把所有希望都割断了。

如果我们把读书和学习看成一个循序渐进、连续奋斗的过程时，那么，对成功和失败的看法也就截然不同了。所以，青少年要时刻充满希望，把握以后的每次机会，摆脱失败，走向成功。

五是正确对待失望情绪。青少年要认清在人生的道路上失望是不可避免的，不要因此而逃避。其实，期望不只是一个点，它还具有线和面。

这样的好处是一旦遇到难遂人愿的情况时，自己就有思想准备放弃原来的想法，追求新的目标。比如，去剧场听音乐会，你原先以为自己喜爱的歌唱家会参加演出，不料他却因故不能演出，你当时可能会感到失望。

可是这时如果你将期望的目光投向其他歌手时，你就会抛弃失望的情绪，慢慢地就会沉浸在音乐的旋律中，内心也就会充满喜悦。

在我们的生活中，失望多了，人们就会感到有挫折感，觉得事事都不顺利。所以，父母应教育孩子充满希望而不是充满失望，使孩子们懂得不要因一时的失败和挫折而长吁短叹，不要因路途坎坷而灰心丧气，不要因厄运重生而意志消沉。

父母应该让孩子明白，落泪和沮丧不是我们所需要的形象，只有努力拼搏的火花才能摆脱失望，才能燃起希望之光。

# 消除冷漠敌对的心理

冷漠指的是对他人冷淡漠然的消极心态。在现在这个开放式的经济社会中，这一代青少年没有了封闭的苦闷。但大多数独生子女在特殊背景中令他们享尽了家庭的宠爱，在很少受挫折的成长背景中使他们产生了消极的冷漠心态。

冷漠属于一般的心理问题，它是情感反应的自我控制；通常缘于受人欺骗或遭人暗算所受到的心灵创伤。正因为这些原因使有冷漠心理的青少年逐渐失去了热情和集体主义精神，使之人际关系发生了冷漠、自私、不团结友爱等问题。

**冷漠心理现象的产生**

目前，青少年存在着一种心理冷漠化的现象。它主要表现是对别人怀有戒备心理，甚至有敌对情绪。有这种心理现象的青少年他们从不与别人交流思想感情，然而，对别人的不幸还冷眼旁观、无动于衷，没有同情心。

其实，冷漠的表现并不是在任何场合下都会产生的，它一般是指青少年在不和谐的群体或陌生的环境中出现。在这种场合下进行人际交往，就会显示出对人对事漠不关心的态度，觉得一切都与自己无关。

但在受到亲朋好友尊重或家庭成员无微不至关怀时，一般就不会出现这种态度，即使偶尔出现，只要了解原因并予以解决，冷漠也能迅速祛除。青少年冷漠心理的产生，主要是来自家庭、社会、学校、学生自身四个方面。具体原因如下：

一是家庭溺爱。因为在家中备受宠爱。在这种家庭式的宠爱结构中，就成了一个中心点，所有的事都围着一个人转，结果缺乏独立性，意志力薄弱。

这样的情况下，孩子一旦离开家庭，稍遇困难便会发愁，只知道要求别人关心、爱护、让着自己，不会想着去关心别人，爱护、理解别人，久而久之必然缺少朋友，形成冷漠的性格。

二是父母影响。父母对他人没有多余的热情和关心，相处都是公式化的模式。孩子从小受冷淡情绪影响，在与人相处时不知该怎么办，只好什么也不说。这种行为在旁人看起来就是冷漠孤傲，久而久之便没有人与自己交往，而这时心理就会受到伤害，为了不使别人觉察到，便以冷漠掩饰自己。

三是自身因素。有的孩子有自闭的心理。这种类型的孩子整天只知道埋头学习，从来不重视与集体和他人的交流和交往。有严密设防心理，由于害怕受伤从不与别人交往。

有的是对自己的期望过高、好高骛远，因此产生了理想与现实的矛盾。在心中产生不满或失望的情绪，因而产生了对人对事的冷漠心理。

**克服冷漠的方法**

冷漠非常可怕，它能使人变成对周围的一切采取漠然视之，麻木不仁的态度，遵循"事不关己，高高挂起"的信条。这样，只能把青少年学生塑造成为玩世不恭、消极混世的自怜者，是一种可悲的自我摧残和自我埋葬。因此，父母要积极帮助孩子克服冷漠的消极情绪。

一是营造良好的生活环境。在学校，要引导学生树立良好的班集体学习气氛，经常组织一些有益的课外活动，使其通过集体的共同努力建立起强烈的集体意识和增强集体荣誉感。

家庭是青少年品德形成和发展的摇篮。家里要给孩子一个好的成长环境，如果孩子取得了优异的成绩，父母要鼓励孩子再接再厉。在日常生活中遇到困难和挫折时，要让孩子在生活中、在困难中找回自我，增强自信。

二是重视孩子的爱心培养

要多给孩子进行爱心的教育，对孩子的爱心行为进行适当的鼓励，这样孩子的行为就会同时受到很多人的肯定了，关心他人，关注社会，就可以抑制冷漠心理的产生。

三是树立正确的科学态度。冷漠心理必须要用科学的态度来转化它。父母应根据孩子的自身水平提出恰如其分的要求，让孩子通过自己的努力而达到目的。让成功的喜悦慢慢消除自己冷漠的心理。

四是重新塑造自己的形象。具有冷漠心理的孩子最怕别人知道自己心中的隐痛了。一旦有人提到或触及类似问题，就会非常敏感。克服这种不良心理，首先要充分肯定自己的长处，平时多给自己创造成功机会，减少挫折，慢慢地就会使孩子在自我心目中重新塑造美好的形象。因此，就会很快走出冷漠心理。

五是要加快促进自我转化。造成冷漠心理的原因很多，其中主要的一点就是理想和信念的丧失。应该说，刚跨入学校时，孩子是充满热情的。但是在沐浴学校生活的阳光雨露、领略社会的春风的同时，不可避免地要碰到各种各样的阴暗面，遇到一些令人百思不得其解的事。

这时候，孩子心理便会发生矛盾和动摇，对待这种冷漠，要从本质上去理解问题，把熄灭的理想和信念的火炬重新点燃起来。

健康成长，不仅仅是物质上的满足，更重要是在心灵上给予更多的安慰和支持。要在内心空虚或苦闷时有一个适当的发泄空间，让自己的心灵世界由荒漠变成绿洲。

# 教孩子学会建立信任感

父母一般认为孩子10岁前对"信任"的话题不会有什么兴趣，

但是和他们谈论这个问题的时间却是越早越好。70年代的人性心理学运动中，信任行动非常盛行，现在仍是组成团队、治疗过程、自助团体的热身内容的一部分。

**教孩子玩一些有关信任感的游戏**

一是，帮助盲人。这是一种比较古老的建立信任的方式，至今仍在许多咨询公司、体育团队和经营管理训练中用来培养成员之间相互信赖的关系。把孩子的眼睛蒙上，然后领着他在屋子里走。在绕过家具、躲开孩子们认为的障碍时，孩子便越来越依赖你身体上的指导。

刚开始，孩子们也许会排斥那种无助和依赖他人的感觉，但慢慢地会接受，并且觉得很有趣。而真正的乐趣是在你们交换角色之后。你被孩子牵着手满屋走，根本不知道要去哪里。

该游戏和技能训练游戏一样，有一点是重要的，那就是：游戏进行前后，都要对互相之间的信任和依赖进行充分讨论。

二是后翻游戏。站在孩子身后，扶住他腋下。指导他后翻，然后互换角色。孩子一般太小，没法在你后翻时扶住你。但是，如果夫妻之间身材差别不大，那么完全可以当着孩子的面玩这个游戏。孩子们非常喜欢看到父母之间互相信任，且能从中受益。

三是"秘密"游戏。该游戏非常有趣，能鼓励坦率，在感情上也富于挑战性。首先要求家庭每个成员在纸条上写下自己的一个秘密，叠起来并在外边写上自己的名字，放入碗内。然后每人挑写有别人名字的纸条。在房间里绕一圈，说一件过去信任某人而向其透露秘密的事，再绕一圈，说一件透露秘密后被出卖的事。

只要说出来，每次加一分，但也可以要求弃权。最后，每人问手中纸条的主人。是否宣读里面的内容，如果回答是"不"，便把纸条还给对方，如果回答"可以"，就宣读条上的内容，纸条的主人便得一分。

**父母要尊重孩子的隐私**

哈佛大学的儿童问题学者玛丽·安·马森·艾克曼认为，父母必须教育孩子尊重自己的隐私，同时父母也必须尊重孩子的隐私。

她曾经这么写道："父母和孩子之间最大的矛盾在于，孩子越来越渴望独立，办事越来越遮遮掩掩。而父母却越来越想保护、控制和指导他们。"

因此，她建议父母们列一张表，哪些真正是他们"需要知道的"，哪些是"不必知道的"孩子年龄增长而有所变动。你也可以在孩子8至9岁时，双方关系紧张之前，向他们推荐，同时借机提出话题，讨论孩子隐私与父母保护引导他们的责任的关系问题。

每年年初或孩子生日前后，对表中内容进行修改。这样，父母和孩子之间就会越来越互相信任，坦率真诚，孩子也就越来越没必要骗你。

要想培养有责任心、关心爱护他人、以正直诚实的品质面对生活挑战的孩子，下面两点父母需要记住：

从小就要教育他们诚实，并且做到始终如一地要求他们。孩子随着年龄增长，对诚实的理解会有所改变，但你的标准不应该有任何改变。

孩子很小时，你就可以和他共同欣赏某些图书和电视节目，玩建立信任的游戏，了解孩子隐私内容的变化，并不失时机地与他们讨论诚实和伦理道德问题。

# 教孩子学会应对挫折

哈佛专家称，正确应对挫折，可能是你教给孩子的最重要的技能，它能使孩子受益终生。

**提醒孩子，厄运不会长久**

玛莉给我们讲了一个关于挫折的故事：

> 去年夏天，我的两个孩子都参加了学校组织的夏令营活动。在夏令营活动全部结束之后，组委会举行了隆重的颁奖仪式。当最后一个奖项颁发完毕，负责人宣布颁奖结束时，我7岁的大儿子加斯已是泪流满面了。
>
> 他的弟弟所参加的那个组，由于在整个夏令营活动期间表现突出，获得了好多奖项，让其他组的孩子们都十分羡慕。但加斯所参加的那组，只获得了一个微不足道的奖项——表扬该组在更衣室内遗留的杂物最少。
>
> 当其他的获奖孩子们都在欢庆自己的成功时，加斯默默地坐在一边，两眼一直看着地，半天都没抬一次头。于是，我便走上前去，像其他的妈妈想让自己的孩子高兴起来时所做的那样，拥抱了加斯一下，然后在他耳边轻声说道："那些孩子们没什么了不起的，他们获得的那些奖项也没多大意义。"

玛莉出发点是好的，但事实证明，她的做法是错误的。在孩子遭受挫折时，为了让孩子感觉好点儿，靠给他或她说些诸如"这没什么了不起的"之类的话，对孩子根本没有什么帮助，布劳恩大学的心理学教授路易斯·里普斯特说道，它时常会让孩子的情绪更低沉，而且它也没教会孩子如何应对挫折。

专家们称，正确应对挫折，可能是你能教给孩子的最重要的技能。研究表明，无论是孩子面临小的挫折，如考试成绩不好，和比较要好的伙伴分手等；或者经受大的不幸，如亲人过世，父母离婚等，恢复力——一种摆脱困境、恢复活力的能力，可把他们分为两类：重新振作的孩子与一蹶不振的孩子。

南希·里佛特是明尼苏达州明尼阿伯利斯研究院的一位科学家，兼任儿童与青少年问题研究小组组长，她强调说："孩子们并不知道，当一些比较糟糕的事情——孩子们输掉了一场重要比赛，或者他们最信任的朋友背叛了自己——发生时，它们并不意味着世界的末日到了。他们常常认为自己永远摆脱不了消沉的情绪，或者一次失败将摧毁一切。"

令人遗憾的是，孩子们的那种想法，将极大地挫伤他们的锐气，使他们缺乏奋进的动力。美国儿童技能培训中心一向以培训儿童各方面的能力而著称，它隶属于位于华盛顿特区的家庭与学校研究院，该中心的主任多里西·里奇说："如果一个孩子认为，致使他或她受挫的因素一直存在着，或者觉得他或她无论怎样努力，都是徒劳无益，不会改变其所处困境的话，他或她继续尝试的能力就会被大大削弱。"

任何时候，你都可以帮助孩子认识到：困境只是暂时的"你今天输了，但你明天可以再做尝试"；结局可以被扭转"如果你给玛丽打电话道个歉，她就不会再嫉恨你了"；或者一种观点并不能反映出事情真相"那只是本森夫人自己的看法，我倒不那么看"。

通过上述努力，你就能够给孩子以希望，并且为他或她增添了继续前进的动力。

### 树立孩子"我能做"的积极态度

解决问题能力是孩子需要掌握的一项重要技能。道理很简单：行动是摆脱无能为力感的最佳途径。

例如，一个孩子因为没能入选学校的乐队而心情沮丧，但如果他能够想出一种提高自己演奏技艺的方法，他就能够很快走出失败的阴影，恢复以前的活力，去实现自己的既定目标。

年幼的孩子们主要是通过自己的切身实践，才逐步树立"我能够做"的态度。因此，在任何可能的情况下，都要鼓励你的孩子自己去确定他或她所处的境地。

大多数家长都想避免自己的孩子感受悲伤及压力，于是当问题出现时，他们便急切地站了出来，亲自为孩子解决，连一个让孩子去发现自己也有力量，使不利境况得以改善的机会都不给。

加特一家从北卡罗来纳州搬到俄亥俄州后，他们的孩子加斯也经过自己的亲身实践，体验到了这一点。全家刚刚到了一个新的居住环境，所接触的人也都不认识，这对加斯来说，失去了没搬家前的朋友，感到十分孤独。

有一次，父亲看见加斯一个人在他自己的房间内啜泣，走过去问他到底怎么了，他说他想念那些昔日的朋友，并且越想越感到孤独。

父亲便对他说："我知道你会感到难过的，但你可以开动自己的脑筋，想出一个让你感觉好些的办法。"加斯想了一会儿，便问父亲他是否可以用家中的长途电话，问候一下原先的好朋友。

加斯与昔日好友在长途电话上只聊了5分钟，但他的情绪立刻高涨了。第二年，在加特把家搬到纽约后，加斯便对父亲说，他如果再感到孤独，就给远在他乡的好朋友打长途电话。

## 给予孩子一定的指导

父母在有些时候应给孩子提供指导。贝思在女儿碰到问题时，便有同样的感触。

贝思女儿萨拉长到11岁的时候，在学校中开始和她的一帮朋友密切来往。而她的这帮朋友，尽管年龄还都很小，却对男孩子们感起兴趣了。

当时的萨拉则把时把精力都集中在学习上了，她想在学业上取得优异的成绩。而她的这帮朋友便开始取笑她只会学习，别的什么都不懂。

萨拉开始觉得自己受了伤害，而且内心深处感到十分迷惘。她把这帮朋友对她说过的话一一告诉了贝思，并称自己对她们所说的是否正确把握不准。

起初，贝思只是认真地听着女儿给她讲。随后她意识到女儿需要摆脱她的这帮朋友。于是，她鼓励女儿去找与自己有着同样的爱好与志趣的女孩们交朋友。甚至和女儿一起在一起商量了如何去结识这样的女孩们。

最终，萨拉如愿以偿地结识了新朋友。贝思称："多亏萨拉把她碰到的问题告诉了我，我才意识到情况的严重性；而且如果我未能及时为萨拉提供指导的话，我想她没准会被原先那帮不学无术的朋友给带坏了。"

家长想让孩子对自己吐露心声，那么他们和孩子必须感情深厚，亲密无间；而发展这种充满亲情、毫无隔阂的关系的最佳途径，就是家长抱着支持的态度，来倾听孩子询问的问题。

很多时候，家长对孩子表露出的支持态度应该是："当我处在你这个年龄的时候，也碰到过同样的问题，所以你应该把心放宽些。再说有我在你身边随时提供帮助，你肯定能够很快摆脱目前的困境，重新振作起来的。"这些经验和道理将是孩子战胜困难，走向成功的动力源泉。

### 通过挫折教育磨炼孩子的心理承受力

挫折就是这种困难或者失败在心理上的感受。当然这种感觉是不好过的，因为客使你的需要得不到满足，或者难以得到满足，然而对不同的人而言。确切地说是对意志品质不同的人来说，挫折的意义却是极不相同的。

从人才成长的一般规律看，逆境、挫折的情境更容易砥砺意志，顺境当然可出人才，逆境也可出人才。而且逆境中经过挫折的千锤百炼成长出来的人才更具生存力和更强的竞争力。

其一，他们既有失败的教训又有成功的经验，更趋成熟。

其二，他们把挫折看成是一种财富，深谙只有失败才可能有成功，成功是建立在"失败财富"基础之上的，因此更具"笑对挫折""迎难而上"的风范。

其三，"天生我才胜挫折"，不管是生物意义上而言的"用进废退"的自然法则，还是"奋斗为成功之父，失败乃成功之母"的古老箴言，在人类身上都体现出意志的努力。

孩子必须能够接受失败，否则无法养成持之以恒的性格。托马斯·爱迪生为找一根灯丝失败过1000次，乔纳斯·索尔克为了找到脊髓灰质炎疫苗，98%的时间都花在不成功的实验上。20世纪初，保尔·埃尔利西把自己发现的药物梅毒命名为606号，意味着前605次试验都失败了。

这些例子数不胜数，但我们却很少给孩子们讲。失败给人们带来的感觉非常复杂，包括焦虑、悲哀等等，但孩子必须学会忍受这些情感，这样才能成功。

# 让孩子学会自信起来

自卑感是人类特有的一种消极属性，孩子一旦对自己的某方面的能力丧失自信，还可能会跟着连带对自己的其他方面的能力也丧失自信，最后造成多方面甚至全面地落伍，如果孩子发展到严重的自信心丧失，还会出现更多的生理上或心理上的异常。那么，孩子不自信产生的原因主要有哪些呢？

**缺少成功的体验**

平时做事成功率不高，在日常的生活和学习中经受到了过多的失败与挫折。

某一口才不太好的学生，一次在大庭广众之下发言失败，受到人们的哄笑，心里感到很不好受，恨不得找个空隙钻到地下去。

某小学二年级女生，在与小伙伴交往时特别不自信，上次班里选班干部，她的票数很多，可她说什么也不愿意当，后在老师和同学们的鼓励下，她任了班里的文艺委员，可最近由于组织联欢会受到了阻力，她又开始打退堂鼓了。

据某市对1200余名小学生调查，有失败感受的学生竟然高到四分之一。有的孩子想获得好的学习成绩，结果事与愿违；有的孩子想组织好一项活动，效果却不理想；有的孩子想使自己勇敢起来，但还是受到别人讥笑……

如此一次又一次地经受失败与挫折，使孩子在心里产生一种"我不如人"消极定势，生活和学习的热情与动力逐渐地减退，严重的甚至丧失了对生活的信念与求知的欲望。

在影响一个孩子成才的诸多因素中，打击最大的莫过于"失败"了。在失败感伴随下成长，会对孩子健康人格的形成产生极大的负面影响，他们会出现孤独不安、考试焦虑、过分自责、行为退缩等心理障碍。

### 学习遭受挫折

目前，我国许多地方的中小学教育还是以应试教育为主的，大部分家长对孩子学习成绩的关心是超乎寻常的，有的家长甚至仅仅拿成绩的好坏作为评价孩子的唯一标准。只要成绩好，孩子一切都好。只要成绩不好，孩子一切都不好。

家长的这种思维方式和评价标准也严重地影响到了孩子的健康成长，他们背负了太重的学习压力，尤其是那些学习成绩不够理想，或偶然在考试中失手的孩子，迫于大人的压力往往不能正确地认识自己，从而导致自卑心理的产生。

有一个学生是一个爱劳动、懂礼貌的孩子，只不过在学习成绩上表现一般，因此，他总是对自己缺乏信心，总觉得自己不是老师心目中的好学生、同学心目中的好伙伴。

另一个初二学生性格内向，认为自己处处不如人，比别人笨，不是学习的料，自卑心理很重，最终产生了自暴自弃的想法，后来发展到上课不听讲，作业从来不做，考试交白卷，在家与父母情绪对立，听不进家长的话，每天放学就与一些社会青年在一起，抽烟、喝酒、打架。

### 自身能力的不足

孩子同大人一样都是生活在群体之中的，一些先天或后天能力相对较弱的孩子在能力较强者面前往往感到自愧不如，他们会由于自身的条件不如别人而产生挫折感。

有的孩子记忆力不好，别的同学一下子就能记住的东西他要花很长的时间、费很大的气力才行，常常被同学说成"笨蛋"；有的孩子社交能力不强，不善于与别的孩子相处，学校里没有好的朋友或伙伴，与别人格格不入，常常会感觉到做人很失败。

有的孩子五音不全，连一首完整的歌都唱不下来，常常会受到别人的鄙视，自己也觉得很失落；有的孩子天生运动能力欠佳，身体的协调性也不好，跑步、跳绳样样都落在别的同学后面，常常在心里自责自己……

更为糟糕的是，如果这些某一方面能力较差的孩子，不能得到家长或老师的正确对待与引导，他们就会在心里产生畏惧，对许多事情望而生畏，从而产生恶性的循环，人家是强者更强，自己是弱者更弱，与别人差距越来越大，自己的自卑心理也愈来愈烈。

# 让孩子走出消沉情绪

消沉，是一个人的内心世界与外部环境不相协调的反应，是人们对待周围世界的一种自我保护性反应。

多姿多彩的青春期，带给我们青少年朋友的不仅仅是鲜花和笑语，还有着许许多多的苦涩与无奈，单调乏味的学习生活，交往中的一系列沟沟坎坎，难以承受的各种压力……

这一杯杯自酿或他制的苦酒，郁结在口，难以下咽，此时，消沉便开始光顾一些同学的心灵。

**消沉情绪的危害**

"我是一名高二的学生，今年17岁，这本应是一个充满梦幻的季节，可它带给我的却只有迷茫的苦闷，我丝毫感觉不到生活的乐趣。

现在我生活在一片灰暗之中，我没有寄托，精神世界很空虚，不知自己为什么而活着，每天我走在教室与家庭的两点一线上，机械地重复着同一个节奏，感觉一切都是那么的无聊。

我不知道学习究竟是为了什么，考试又是为了什么，同学们那些不安的表现又是为了什么。我开始对什么都不关心，什么都懒得去做，感觉做什么都没有什么意思。

有时，我甚至觉得一切都无所谓，学习时也缺乏干劲，效率很低，不再主动与人交往。虽然我也想这样不行，努力给自己找一些事来做，让自己忙碌起来，或是给自己制定一个学习计划，可好景不长，没几天就又感到没意思，坚持不下去了。我现在非常痛恨自己，觉得自己是一个无可救药的人。"

消沉是一种不良情绪状态：因为消沉，我们会消磨掉自己的斗志；因为消沉，我们会埋没自己的才华；因为消沉，我们会失去爱与交往的能力；因为消沉，我们会放弃生活中的一切，使生命失去光泽。

## 消沉情绪的产生与解决

消沉的产生既有内在原因也有外在原因，也许我们无法消除引起消沉的外部因素，但我们却可以塑造一颗坚强的心，走出消沉的泥潭。

消沉的情绪，可能源于精神世界的空虚，不知自己为什么而生活，也许还没有仔细考虑过自己的人生目标。"志当存高远"，目标是实现人生追求的强大动力，伟大的目标是孕育成功的基石，找到了自己生活的目标，我们就能走出平庸、走出消沉，把无所事事变成造福人类的决心和行动，在奋斗中实现自己的价值，使生活充实、完美。

作为一个现代人，要享受人生，必须首先创造人生，决不能因惧怕困难与挫折而泯灭了自己学习、奋斗、成才的志向。消沉也可能源于自我封闭，与外界交往太少。

我们生活在这世界上，每个人都有自己独特的生活方式，每个人都有自己的优缺点，不要害怕暴露自己，要勇于与人交往。有心里话何不找个朋友倾诉呢？有见解何不开怀畅叙呢？相信没有人会为此而鄙视你，相反会有人因为你的坦率而欣赏你、喜欢你，你会因此而拥有许多朋友。

不妨重新开始自己的生活，首先对自己身边的人真诚相待，向别人伸出你的热诚之手，你需要别人帮助时，也要大胆地说出来，这样你会重新感到真诚与热情，感受到生活的温暖。

消沉的情绪，也许是源于过去的挫折经历。为此你需要记住：人不是为回忆而活着，而是为今天而生活，过去的事情已经过去，想也没有用，何必把眼睛总是盯在过去的伤疤上？何必把感情总是停留在昔日的不快上？重要的是想着今天，想着如何让你能够支配的每一天都过得更有意义。

**改变消沉情绪，让心快乐起来**

改变消沉的情绪，应当学会看事物的积极一面。任何事物，如果能从不同角度去观察，就会形成不同的印象。很多表面看去像是引人生气或悲伤的事件，如果换个角度去思考，或许就可以看到许多积极的内容。

同是半瓶子水，悲观的人会说："唉！只剩下半瓶水了！"而乐观的人则会说："噢，还有半瓶水呢！"这是两种不同的看问题的角度，也是两种截然不同的生活方式，哪一种更利于我们走出消沉，答案是不言而喻的。

改变消沉情绪，应当多增加愉快的生活经验。生活中有许多有益身心健康的东西，因此要主动增加自己生活的情趣。如体验学习成功所带来的喜悦和满足，感受朋友交往时的愉快与温馨，适度的消遣与休闲所带来的轻松……

如果能使我们的生活充满这些积极而愉快的经验，那么即使遇到不顺心的事，也能够轻易化解，不会与消沉相伴随。


# 克服急躁情绪健康成长


"拔苗助长"的故事可谓家喻户晓。心情急躁的种田者希望种在田里的秧苗快些长出来，便到田间把所有的秧苗都拔出来一些，结果可想而知，秧苗并未像他所期望的那样疯长，反而都死掉了。

## 急躁让生活一团糟

"拔苗助长"批评了那些容易情绪急躁的人，说明了"欲速则不达"的道理。可是在我们身边，有着这样"拔苗"性格的学生较常见。他们不论干什么工作，兴头来了马上动手，既没认真准备，又无周密计划，而且一开始干就急于见成效，遇到困难时更是烦躁不安。

在等候消息时，心情格外急切，坐立不安。处理矛盾和问题时，易鲁莽和冲动，盲目行动，往往事与愿违。在学习上则表现为好高骛远，急于见效。

有的很想把成绩搞好，但又缺乏扎实的努力，一段时间后成绩没上去，急得不知从何干起；特别是经过努力以后成效不大，就耐不住性子，结果成绩还是上不去，形成越上不去越急、越急越上不去的恶性循环局面。这些，都是急躁情绪在青少年朋友中的表现。

急躁会使人心神不安，经常是在惴惴不安中生活。因为急躁是神经系统的一种兴奋和冲动。急躁的人每接收到一项任务，都会很快进入兴奋和冲动的状态，他等不及工作开始的那一天到来，就急不可待地恨不能马上动手干。

如果这项工作需要等几天才能开始，那么这几天他肯定会焦躁不安的。他也往往不能平心静气地等候某个消息，而是显得格外着急，犹如热锅上的蚂蚁，坐立不安。长期受急躁情绪折磨的人，内心的和谐和宁静常常被打破，甚至会出现情绪上的紊乱状态。

急躁的人打乱办事的正常秩序，不能有条不紊地工作。他常常事前顾不得进行周密思考，习惯于仓促上阵；他也不能循序渐进地稳扎稳打，而是恨不能一下子把事情全部干完，抓起这样又想那样，这件事还没有做好，又去做另一件，陷入匆促和忙乱之中。

表面看来，他有很强的时间观念，但在实际上，他往往会耽误和浪费时间。因为他不善于掌握工作本身的规律性，不善于统筹安排工作，结果把本来很简单的事看得很复杂，本来两三个步骤就可以完成的事，他却翻来覆去，弄成了五六个步骤。

至于在忙乱中把事情办错，或不符合质量要求而不得不返工重来造成的耽误和浪费，就更为明显了。

急躁的人业务技术常常不精，工作质量也常常不好。因为他办起事来只是图快，只要能勉强过得去，就不想再努力了。要把一项技术钻深钻精，是需要韧性和耐心的，这对于性格急躁的人来说是难以做到的。

当某项工作刚开始时，他比较认真，但是越干越图快，越干越马虎，虎头蛇尾，可以说是急躁者的一个规律。即使没有任何人催促他，他也常常如此，因为他只图快，一般并不是时间紧迫所致，而是急躁的个性使然。

急躁的人生活是很少整洁的。他们通常不修边幅，不讲究自己的衣着打扮，也无意于整理、美化自己的室内外环境。整天匆匆忙忙，忙忙碌碌，但常常自己也说不清到底比别人多忙了些啥。

急躁的人易怒。生活中，爱发脾气的人通常都是性子很急的人。有一则笑话说，有个急性子的人吃鸡蛋，皮没剥开，大怒，竟然张嘴去硬啃，啃不开，便摔到地下用脚踩。

显然，这样的急性子，如果碰到使他生气的事，是很容易发雷霆之怒，很少能够冷静和克制的。有的人气起来时，把锅碗瓢盆都给摔了；有的人急起来时，顿足捶胸，揍自己的脑袋。这些在盛怒之下失去理智自我伤害的行为，在很大程度上都是由于急躁情绪的推波助澜所致。

急躁的人又容易灰心。在急于求成的情绪支配下，他往往操之过急，不等深思熟虑，也不等条件成熟便马上开始工作，这样当然很难取得圆满的结果。而当事情遭到挫折时，他又不能冷静地分析原因，而是带着更加急躁的情绪，赌气般地以更大的蛮劲去对待困难，不管三七二十一地向困难猛攻一顿。如果仍然不能奏效，他很快就会像泄了气的皮球，灰心了、退却了，再也鼓不起同困难作斗争的勇气。

### 控制急躁情绪方法

一是加强计划性。办事之前首先要冷静地思索一番，大事定个书面计划，小事做到心中有数，第一步做啥，第二步干啥都做个安排，这样，工作起来就不会急三火四毛手毛脚了，慢慢就会养成稳重的习惯。

二是办事前做到自我暗示。办事前心中可以默念"沉着、沉着""冷静、冷静"，在暗示下慢开口，这样就会取得明显效果。

三是加强素质训练。急躁往往和个性密切联系在一起，并形成了习惯性。为了克服急躁，可以通过下棋、书画、钓鱼、做小手工艺品等方法，磨炼自己的耐性和韧劲，久而久之就会养成不急躁的习惯。

四是急躁时切记做事始终如一。急躁者做事千万不要虎头蛇尾，故在行动时，不但要有良好的开头，还要有满意的结尾，因此保持善始善终也是克服急躁的重要措施。

# 做一个积极乐观的孩子

要想让孩子变得乐观一点，父母首先要能区分乐观和悲观思想。根据塞利格曼的理论，两者之间最大区别，就是对有利和不利事件原因的解释。

**乐观与悲观的区别**

乐观主义者认为，有利的、令人快乐的事情总是永久的，而且是普遍的。他们能努力促使好事发生，而一旦不利的事件发生了，他们也能视为暂时的，不具普遍性的，对其发生原因也能采取乐观现实的态度。

而悲观主义者考虑的恰恰相反：好事总是暂时的，坏事才是永远的；好事只是靠碰运气，偶然发生的，坏事才是必然的。在解释坏事发生原因时，也常常犯错误，或者每件事都责怪自己，或者全都委过于他人。

悲观主义在性格上是"灾难性"的。在逆境中做最坏的打算是应该的，但在日常生活中就无须如此了。某个孩子因为没能加入篮球队或父母不让她穿耳朵眼，就大哭大闹，是故意夸大事情的严重程度，并且在感情上对夸大了的事情而非实际情况做出同步反应。注意：如果你认同孩子的悲观想法，就会加重他的悲观情绪。

**悲观心理是孩子健康的最大威胁**

专家塞利格曼认为，悲观不仅仅是思考的负面方式，还是对孩子健康的最大威胁，是"流行性的忧郁症"。他是经过多次研究才得出这一结论的。

这些研究涉及多达16000多人，他解释说，今天的孩子与21世纪头30年的孩子相比，患忧郁症的危险要高出10倍。更可怕的是，患严重忧郁症的年龄提前了。他对3000多9-14岁的儿童做过调查，发现有9%的孩子已经发展到忧郁症的后期。

有证据表明，悲观甚至忧郁症都是可以改变和治愈的，只要教会他们按照一种新方法思考就行。宾夕法尼亚大学的阿龙·贝克和同事们在这方面创下了先例，他们成功地创造出系统的治疗方法，从而证明了通过逻辑思维来控制情感思维的设想是可行的。

贝克认为，悲观主义者习惯性地想象未来都是没有希望的，他发现训练病人换种方法思考可以减少悲观症状。

塞利格曼在宾夕法尼亚大学的预防工程中，和同学们一起在贝克的治疗方法的基础上，扩展出一个12周的忧郁症治疗方案。他们教会孩子们换种方式思考，按照新方法解决人与人之间的问题。治疗前，预防组和参照组中都有24%的孩子患有程度不同的忧郁症，治疗完成之后，预防组的病儿比率下降到13%，而参照组的比率不变。

预防工程的研究者们没有忘掉自己的主要任务，预防的真正效果要由时间来衡量。在随后两年的跟踪研究中，他们发现预防组的孩子患不同程度忧郁症的比率为24%，而参照组的比率上升到46%。也就是说，他们把患忧郁症孩子的数量降低了一半。

不会受到忧郁症的侵袭只是乐观孩子的优势之一，他们还有一大优势：在学校里比悲观的同伴更易成功。

特雍卡·帕克1996年5月被选入《今日美国》的全优生队伍。她以平均3.86的学分从高中毕业，准备进入著名的斯坦福大学。她的组织和领导才能也颇得赞扬。

如果了解她的生活环境，那么你会对她在中学所取得的成绩更加钦佩。她母亲患有精神病，特雍卡从小是在亲戚家长大的，她总是穿梭般来往于各家之间，密西西比、圣迭哥、洛杉矶都曾到过。她的三个哥哥中有两个在她读高中时，由于吸毒而坐牢。

在这种环境中，使特雍卡区别于那些表现一般、甚至不走正道的孩子的最重要的一点是：争取成功的坚定决心和乐观精神。对她来说，不幸是成功的朋友，是对她意志的一种考验，正如她对一位记者所说的那样："如果我生在富裕人家，那么我就会悠闲地生活而不是努力奋斗"。在给斯坦福大学的申请信中，她写得再清楚不过了："我要以不懈的努力、坚强意志和献身精神震惊世界。"

### 如何培养乐观的孩子

孩子的乐观性格是可以培养的，你可以试试下边的方法。

塞利格曼认为批评孩子的方式有正确与错误之分。方法正确与否，显著地影响着孩子日后性格的乐观与悲观。

批评孩子的第一要点就是恰如其分。"过度批评会给孩子造成过度的内疚和羞辱感，超过了使孩子改错的度。而不批评孩子又会使孩子丧失责任感，磨灭其改正错误的愿望。"

其次，掌握乐观的解释性的方法，实事求是地解释问题，指出犯错误的具体原因，使孩子明白自己所犯错误是可以改变的。

孩子会模仿你的行为，把你的优缺点一并吸收。如果你是个悲观主义者，那么你的孩子也会那样思考问题。如果你希望他们养成乐观品性，那么你必须首先改变自己的思维方式。

由于诸方面的原因，如今一代儿童比以前的任何一代都更容易悲观。这使得如今的孩子更加经受不起诸如忧郁症、学习成绩差、朋友少甚至身体疾病的打击。

孩子们可以养成乐观向上的性格，从而能更有效地对付忧郁症等身心疾病。只有通过现实地思考、经历过与自己年龄相适应的挑战后才能养成乐观性格。与孩子相处时，你必须乐观一点。孩子们最容易学到父母的言行。

# 第三章

# 正面管教，养成孩子好习惯

　　不良的习惯，是埋在孩子身上的隐形炸弹。孩子处在成长发育阶段，可塑性很大，即使有一些不良的习惯，如果父母注意引导，也会慢慢改正，从而养成良好的习惯。

　　养成良好的习惯非一日之功，父母应该从具体问题抓起，找准解决办法。这样持之以恒，孩子良好的习惯就能逐步形成。

# 做一个文明的好少年

　　如今在电视、网络、杂志等媒体的包围下，社会上的各种不良习惯都会传达到孩子的眼中，而孩子的辨别能力有限，很容易受到污染。

　　现在的孩子和以前相比，见识广了，听的也多了，课外的学习和接受内容也越来越广泛。当然，这些内容有好的也有坏的，脏话无疑占了很重要的篇幅。而孩子习惯于说脏话，既是一种粗俗，也是一种低劣，是与文明格格不入的。对此，父母必须正确的教育孩子不说脏话。

　　**让孩子懂得说脏话是坏毛病**

　　由于受到很多外界的影响，现在的孩子说脏话不仅说得多，而且说的奇，有些话甚至大人都说不出口，如果不是亲耳听到，你很难相信这是出自一个孩子之口。

　　人们都说：孩子是最纯洁的天使。可现如今纯洁的天使似乎越来越少了，有一些孩子学会了一些为人所不齿的坏风气。孩子心灵比较单纯，对于新事物的接受能力也较强，也许这也正是他们容易受到不良社会风气所影响的原因。

　　如果孩子真的学会了说脏话，父母也不要过于心急，只要能够及时发现并给予正确指导，把不文明的行为消灭在萌芽状态，相信孩子一定会明白做一个文明人的可贵，彻底纠正说脏话的坏毛病。

### 如何纠正孩子说脏话

几乎每个父母都面临过孩子说脏话的问题，那么，当孩子的这种坏习惯出现时，如何才能让孩子改变呢？现介绍如下方法：

一是净化孩子的朋友圈子。

赵女士的女儿以前很听话，在学校里尊师重友，在家里孝敬长辈，对其他人说话也都十分礼貌，一直以来赵女士都以自己的女儿为荣。

可是最近，赵女士在无意中发现女儿居然学会了说脏话，这让她十分吃惊，于是忙把女儿叫来教导了一番。这以后，赵女士再也没有听到女儿说脏话了。

事情是这样的。有一次，赵女士的几个朋友来到家里做客，因为是星期天，所以女儿也在家。对待客人时，女儿表现得彬彬有礼，"叔叔阿姨"叫得很亲切，客人们一个劲儿地夸她懂事儿。

就在这时，电话响了，原来是女儿的同学打来的，就在接电话时，女儿竟然说出了"你笨蛋吗"这样的字眼。一时间，赵女士感到不知所措，客人们也都尴尬地你看我我看你，空气仿佛一下子凝住了。

等客人走后，赵女士把女儿叫了过来，问她到底是怎么学会说脏话的，女儿竟然说道："我有好多同学都会讲脏话，没什么大不了的。再说，说脏话也不是一点好处没有，当我心里不舒服时，骂几句就感觉好多了。"这样的答案让赵女士惊讶不已。

很显然，赵女士女儿的脏话就是从她的同学那里学来的。显然，孩子的朋友圈子如何，对他们的影响是很大的。作为父母，不可能时时刻刻都看着孩子和谁交朋友，因此，不要试图通过阻止孩子交友来达到远离脏话的目的。

不过，父母虽然不能干涉孩子的交友自由，却可以为孩子交友提供一些建议，正所谓"近朱者赤，近墨者黑"，让孩子明白好的环境对他的人生有多么重要的影响，通过从改变孩子的自身开始。

二是父母要注意自我形象。外界因素对孩子的影响是很大的，只要父母以身作则，孩子自然乖巧，如一个孩子整日生活在脏话的世界里，那么如果他不会说脏话那才是天下奇闻。

因此，父母在孩子面前应该以身作则，时时刻刻注意自己的一言一行。平时在家里，每个人都要养成使用礼貌用语的习惯，给孩子提供一个好的语言环境，不要让孩子在耳濡目染之下染上坏习惯。

此外，如果父母带孩子来到公共场所，则应该尽量避开那些受到污染的地方，更不能带孩子围观他人吵架，否则会让孩子敏锐地捕捉到关键词，而津津乐道地加以使用。如果不能直接避开，则父母要学会引开孩子的注意力。

三是给孩子心灵装上"过滤器"。父母应该在孩子小时就给他们灌输文明的理念，让礼貌牢牢地植根于孩子的内心。这样，就仿佛在他们的心灵上安装了一个"过滤器"，它会把那些不好的内容通通过滤掉，孩子长大后自然也会明白礼貌待人的好处。即使孩子听到了脏话，也能够分辨是非而不去学习模仿。

四是用事例给孩子讲道理。在现实生活中，因为"出口成脏"

而导致大打出手，甚至闹出人命的事不在少数。父母应该用这些事例来教育孩子，让他们明白说脏话的危害。

此外，平时让孩子多看一些好的书籍，看一些好的电视节目，让正确文明的言行引导孩子的健康成长，看得多了他就会为自己说脏话而感到惭愧了。

五是父母教育方法要得当。讲脏话，是一种不文明的行为习惯，每个父母都应该对此进行批评教育。当然，教育也要讲究方法，有些父母听到自己的孩子说脏话，马上就大动肝火，甚至动手打孩子，其实这样并不是引导，而是强硬教训。简单粗暴也许可以收到立竿见影的效果，但却并一定能够长久有效。

还有些父母却是听之任之，放任自流，认为这种鸡毛蒜皮的小事，不必认真，当然更是不能达到目的。更有甚者，有些父母听到孩子讲脏话时，不仅不去制止，反而觉得很好玩儿，还哈哈大笑。

孩子会误认为自己的表演得到了父母的认可和欣赏，于是更加不断地重复，结果养成了说脏话的习惯，长大了更不容易改正。父母再想管，也已经晚了。

当孩子说脏话时，父母应该明确地说出自己的态度，如："爸爸妈妈不喜欢说脏话的孩子"或"说脏话的小朋友会让人讨厌"等。在这样的影响下，孩子会因为自己可能受到冷落而改掉这个坏习惯。

倘若父母在耐心教育之后，孩子还是不能认识到说脏话的坏处，甚至还出现不满和抵抗情绪，那么全家人可以商量一下，全部有意地疏远他，让他尝一下被人冷落的滋味。一般情况下，孩子都能够对自己之前的行为感到反感，然后慢慢地收敛。

六是要提早进行文明教育。根治孩子说脏话，越早越好。有些孩子三四岁就学会了说脏话，但他们并不懂得脏话意味着什么，更没有树立明确的是非观念，很可能就是无意间模仿了大人的一句话。

在孩子们的心里，说脏话只是好玩，并不代表其他，且父母越是制止，他们说得越是起劲儿。此时，父母不要掉以轻心，应该抓住大好时机对他进行教育，才能避免日后的难堪。在现实生活中，很多父母就是由于没有及时跟上疏导，错过了最佳教育时机。

第一次的教育往往是最深刻的，能够使孩子加强对自己行为的认识，在以后的生活中，他就会有意识地管住自己的行为。

很多父母奉行"威信教育"，认为只有当孩子无条件地服从自己时，教育才算落到实处。

却不知，这样的教育方法对孩子来说是不公平的，他们不能发表自己的意见，于是对父母的意见也会特别反感。当这种不满积压到一定程度时，孩子就可能采用粗话来释放情绪，慢慢地养成习惯。所以，威信教育不可取。

# 对孩子进行礼仪教育

西方人一向把礼仪教育作为品德教育的入门课，其理想中的楷模便是绅士。

### 礼仪教育是品德教育的入门课

培养一个绅士大概并不比培养一个科学巨人省劲儿，小到举手投足、吃喝拉撒、穿衣戴帽，大到待人接物、社交活动，都有一套细致入微的规范。

这种优雅得体的绅士风度如今却受到了挑战，西方人的衣着似乎更随便了，举止似乎更粗野了，一些不文明的行为也出现了。这种倾向已引起了西方社会的普遍关注，社会人士和礼仪专家纷纷呼吁：不礼貌和不文明的行为将严重危害当今社会各阶层的合作与团结。许多政治家提出对公民的行为举止要施以训练；知识分子发表了一系列争论性文章，拯救良好社交礼仪突然成了西方社会的热点问题：救救礼节！

德国作家R·洛托在发表的最新小说《逃避客人》中讥讽了粗野无礼的举止行为。在一次采访中，他把粗鲁者称为"丧失尊严的人"，并抱怨这些人是"世俗的、低级趣味的家伙"，他们将社会生活和私生活引向不健康的一面，在一定范围内，会强化人对人的侵犯意识。

讽刺读物《粗暴人》的主要撰稿人高尔特不断告诫读者们要树立新的文明教养。例如，每次打电话前都要反复考虑，是否这个电话非打不可，因为您选择了这一号码，就可能会打扰对方。

绿党政治领袖海勒提出：学校必须对学生加强文明交往方式的熏陶。眼下，不仅仅是知识分子认识到了时代的特征，一批撰写有关行为举止书籍的作者也教训人们要懂点儿规矩和礼貌。

最近，在德国参加礼仪讲座的人报名人数急剧上升。事实证明：许多人对社会交往方面的事情都显得无所适从。他们反而觉得，某种程度上的粗鲁随意，更容易与人打交道。

然而，一般说来，在专业技能平等的条件下，具有良好交往方式的申请者更容易被录用。

在柏林从事举止行为教育的女教师陶茨威斯每年要举办大约50

次礼仪讲习班。她指出：在许多企业中往往缺少最起码的礼节，
"如果我们公司的所有员工都能养成良好的习惯，即他们看到每
一个顾客都能主动与之打招呼，那么我们公司的销售额就会上升
25%。"

西方人如此注重从小对孩子进行礼貌教育，是不是有点小题大
做？非也。西方人是把礼仪修养作为一个人全部品德的基石来看待
的。很难想象，一个举止粗野的人会有高尚的品德。

小节不拘，大节必乱，正像一位德国记者所言："在我们这个
互相交往的社会里，许多生活环境和生活习惯不同的人需要有统一
的礼仪规则，并用它们作为一门工具，以创造出良好的社会人际
关系。"

2.在就餐中学礼仪

一般来说，礼貌教育是在家庭中进行的事，而美国的学校却巧
妙地把学生的在校午餐变为礼貌教育课堂。对美国的多数学生来
说，在校午餐首先是一种娱乐和学习，然后才是吃饱肚子。学校为
了使学生的午餐既欢乐又文明，并尽量保持食堂安静，制订了一系
列规定。

美国纽约的天才儿童小学，学生就餐规定很明确。三位
校长助理轮流监督学生就餐，表现好的孩子能得到表扬，
一年搞三次评比，受表扬最多的班级可以免费吃一次冰激
凌或意大利烤馅饼。小家伙们能很快背出这些规定："不
许打架；不许乱跑；一听到吹哨，就不能讲话，否则就要
罚站，不能和大家一起出去玩了。"

如果哪个班级把自己的桌子擦干净了，就会受到表

扬，但是，要是班上有一个学生擦完桌子跑着离开食堂，那么这个班就前功尽弃了。有人问几个四年级学生：为什么大家吃饭时都那么有礼貌，他们同声回答："谁不想得奖哪！"

这些学生们不仅懂得饭桌上的基本规矩，而且也知道怎样做才显得有教养。娜塔莎说："老师教我们，吃有吃的规矩。他们说：'不要浪费，给你的东西要全吃下去，要想想有的人还没饭吃。嘴巴里嚼着东西时别讲话；嚼东西时嘴不要张开。'"

不过，当玩兴大发时，这些好规矩往往被抛在脑后，有一个女孩子在排队领饭时，一下子抓了12包西红柿酱，对自己的贪婪还得意地大笑，随手把6包转让给另一位同学。

有一个4岁的女孩子把奶酪三明治中的奶酪拿出来吃，沾了一手奶酪，用舌头舔起来。他们毕竟是些孩子。

孩子们不能站在椅子上或坐在桌子上，也不能不擦桌子就离开。老师有时在饭厅里巡回检查，有时和孩子们坐在一起吃。他们主要阻止孩子们大喊大叫。


美国大多数学生在没有老师和家长的监督时，仍能注意饭桌上的规矩。礼貌教育最显著的成绩是：孩子们让别人把一句话说完时才插话。这说明通过学校教育是能使孩子们变得有礼貌的。

鲍尔老师说："文明礼貌对个人事业的成功极有帮助。大的商业交易或爱情往往是从餐桌上开始的。"

在西方社会，礼仪教育一直受到重视。社会和家庭都认为，这是让孩子融入社会必修的"课目"。说到底，礼仪是一种社会规范，对其遵守与否在某种程度上决定着社会对你是否接纳。

3."绅士教育"

父母都知道家庭是孩子成长的摇篮，父母及其他家庭成员的观念与行为，对孩子道德意识的养成起着决定性作用。英国家庭教育在西方各国中是较有特色的，我们来看看他们的一些做法。

在英国的家庭中，绝对看不到对儿童的没有理由的娇宠，犯了错误的孩子会受到纠正甚至惩罚。家长们往往在尊重孩子独立人格的前提下，对孩子进行严格的管束，让他们明白，他们的行为不是没有边际的，不可以为所欲为。英国的法律明确规定允许家长体罚孩子，至今许多学校仍保留着体罚学生的规矩。

在英国的一般家庭当中，5岁以下的孩子都不准与大人同桌吃饭，不允许挑吃挑穿，到了该做什么的时候一律按规矩办事，故意犯错误和欺负幼小，都将受到严厉的惩罚。

不管是对什么人，孩子必须懂礼貌，说话客气，对父母兄弟姐妹也不例外。反之，孩子将受到父母的训斥，包括身体的惩罚。只有懂事而有礼貌的孩子才会受到父母的夸奖。这仅仅是英国家庭中绅士教育的一个侧面。言谈举止符合标准，对人彬彬有礼是对每一个孩子的基本要求。

英国家庭普遍认为，对孩子的溺爱和娇宠是孩子独立性格形成的最大障碍。要使孩子在日后能适应社会的需求，独立地去生活、工作，就必须从小培养他们独立生活的能力，让他们学会尊重他人和自我克制，知道对自己的行为负责任。

在对待孩子的教育方面，英国人认为应该为孩子日后的独立生活负责，现实原则是第一位的，而亲情则是第二位的。所谓"子不教，父之过"，这也是英国人的观点。

父母应对孩子长大成人后的行为负责，如果孩子日后不能像其他人一样适应社会，对社会有所贡献，作为父母就没能尽到教育的职责，这样的父母是不称职的，他们应该感到愧疚，向社会检讨。

在孩子幼小的时候，作为父母会悉心照料他们，但不应娇宠、溺爱他们。所以，英国的年轻父母很少总是将孩子抱在怀里，而是让他们随便地爬，随意地玩。

总之，父母应该是孩子的道德教师，而不是孩子的保护神。所以当孩子不慎摔倒在地时，英国的父母绝不会扶起他，而是让他自己站起来，从一点一滴的小事去训练孩子的独立能力，使他们明白，他们每一个人都不能依靠父母去生活，而完全要靠自己。

所以，在英国的家庭里，孩子永远不是中心。这一点，西方的大部分国家观念是一致的。

在英国不论是富人家庭还是普通家庭，不论条件如何，都不会对小孩娇宠，人们会有意识地"创造"一些艰苦的环境，让孩子在其中遭受些人为的艰难，以磨炼他们的意志，以便在以后的生活中养成坚强的意志，适应各种意外的困难。

公学是英国的贵族学校，有些公学举世闻名。在这些名牌公学里上学的学生，都是富家子弟。公学学费昂贵，强调品学兼优。然而在公学里读书的富家子弟，却生活在极其艰苦的环境中。

校方故意将饮食弄得很差，又缺少取暖设备。学校要求每个公学学生必须在恶劣的天气里穿短裤出现在操场上、课堂上，坚持冷水浴，不准盖过暖的被子，冬天也要开窗就寝。这样做是为了除去孩子的娇气，养成坚强的意志，提高其身体的精神素质。

在公学里，人们以吃苦为荣，以意志坚定为高尚，树立了一种合乎自然的价值观。在英国人的眼里，这是一种模拟的生活环境，目的是让学生通过这一环境的磨炼，准备许多实际生活的本领，以增强在艰难的环境下生活的能力。这也是对孩子的另一种钟爱，这种爱强于对孩子的娇宠和过分的呵护，这是父母必须做出的一种真爱。传统是无所不在的，一旦形成传统，习惯就会不问理由地存在于人们的行为和思想当中，具有不可抗拒的巨大力量，成为不问其所以然则然的自觉。

传统的人文思想作为一种传统深深地植根于英国人的头脑中，成为他们认识事物的标准和价值所在，也成为他们行为的主导。在对待儿童的教育问题上，人们的认识是那样的统一，以至于他们自觉或不自觉地都在按传统办事，按传统的标准去评定孩子的行为。

几乎所有的英国人都认为孩子应该懂得忍耐，因为现实的成人社会里有太多的需要忍耐的事情。他们认为，作为一个绅士，如缺乏忍耐的自我克制是最令人瞧不起、最没有修养的。

即使是孩子，如果不能学会忍耐，将来也不会有大的作为。所以，在家庭中，如果孩子受到伤害，即使他们大哭也绝不会在父母那里得到安慰和同情。

相反，对那些不能忍受疼痛而肆意大哭的孩子，父母会给予严厉的训斥。这样，日子久了，孩子渐渐地就会明白，他是生活在一个只能依靠自己的环境当中，不管是哪种痛苦，都不必求助别人，要自己去忍耐。时间一长，孩子的坚忍性格会自然养成的。坚忍不拔的性格有助于成就伟大的事业，这是英国人一致的看法。

父母的一系列作法，孩子长大后会受益匪浅，一些人在后来的生活中便深深地领会了父母的良苦用心。所以有过这样经历的孩子，在其成人后也会这样去要求他的孩子，这样便形成了传统，成为儿童教育的一种固定模式。

# 珍惜时间让生命有意义

人生是极其宝贵的，而时间就是生命本身。时间也是独一无二的，对每个人来说是只有一次的宝贵资源。每个人的人生旅途都是在时间长河中开始的，每个人的生命都是随着时间的推移而发展的。只有那些能够把握时间、会利用时间的人，才能最早接近成功的终点。

时间总是在不经意间悄悄溜走，如果不去主动抓住它，它永远不会停留。回首以前的岁月，很多人都知道自己浪费了许多光阴，为了让孩子的人生不再重演这样的失误，父母们应该立刻行动起来，让孩子从今天开始珍惜时间这一宝贵的资源！

## 珍惜时间的重要意义

每个人都是在时间的长河中开始人生的旅途，每个人的生命都是在时间中发展的。谁能够把握时间，谁会利用时间，谁就最早接近成功的终点。所有希望孩子成才的父母，要培养孩子做时间的主人，这会使他们终身受益。

如今，越来越多的父母对此开始关心，逐渐认识到如何让孩子学会合理地安排时间，是一个十分重要的问题。学会合理利用时间，不仅是保证孩子身心健康成长的重要条件，还是成才教育的一项基本训练。这种训练应当从小学阶段就开始进行。

上小学的孩子已懂得了昨天、今天、明天，认识了年，月、日，并随着年龄的增长，时间观念不断增强，但他们还没有真正懂得"一寸光阴一寸金，寸金难买寸光阴"的道理，没有时间的紧迫感，没有学会安排和利用时间。

因此，父母应帮助孩子克服淡薄的时间观念所造成的一切不良习惯，必须增强孩子的时间观念，帮助孩子养成惜时、守时的良好习惯，帮助孩子合理地利用时间。

时间对于每个人都是平等的，一天都是24小时，对待时间的态度不同，时间贡献的效益可就大相径庭了。

鲁迅先生认为天才就是勤奋，他自己的成功，不过是把别人喝咖啡的时间用在了学习和工作上罢了。他不赞成那种空耗时间的人。他对自己的时间极其吝啬，一分一秒都不愿白白流逝，他把时间比作海绵里的水，总是尽力去挤，人的生命也就是从生到死这一段时间的总和。

所以说，鲁迅先生对时间的比喻，道出了生命的真谛，一个"挤"字道出了生命的价值和意义。若一辈子总是悠悠晃晃，无所作为，生命还有什么价值可言！若对时间没有"挤"的精神，想成就一番事业，岂不是"懒汉做美梦，空想一场"而已。有志者惜时如金，无志者空活百岁。不善利用时间的人，很难实现宏图大志。

让孩子从小就具有时间观念，珍惜时间，才能使孩子养成雷厉风行的作风，干什么事都会有责任感和紧迫感。学习时能集中精力，神情专注，不丢三落四；做事时有板有眼，快捷利索，不磨磨蹭蹭。

可以说，让孩子们懂得并学会珍惜时间，这本身就是人的一种素质、一种能力。伟大的科学家爱因斯坦说过："人的差异在于业余时间。"

由于个人对时间的处理态度、安排内容、使用方式各不一样，必然会给个人的成绩或成就带来各种不同的影响，导致人与人之间差异的产生：有人杰出、有人平庸、有人沉沦。古今中外珍惜时间，刻苦钻研，从而创造辉煌业绩的人不胜枚举。

**培养孩子珍惜时间的方法**

一是父母以身示范做榜样。父母可以通过以身示范，给孩子树立惜时如金、守时有信的良好榜样。这是教育孩子、强化孩子惜时意识的有效措施。如果父母本身就是一个勤快的人，生活节奏快而不乱，自然会影响孩子。反之，如果父母整日松松散散，无所事事，孩子必受负面影响。

二是切不可对孩子娇惯。许多孩子不懂得珍惜时间，这与父母对孩子的娇惯有很大的关系。有的孩子爱睡懒觉。每天早上父母一遍一遍地叫，直耗到不起床上学就迟到的时候，才匆忙起来，父母还得给孩子穿衣服，收拾书包，叠被子……

这样做不但不利于培养孩子的时间观念，也助长了孩子依赖父母的习惯。在处理这类问题上，父母不妨给孩子一点小小的惩罚，让孩子尝尝自己耽误时间的苦果。

有些自尊心的孩子也会从中吸取教训，以后会逐渐养成按时起床的习惯。当然采取这种以自然后果惩罚孩子的方法，父母要根据孩子的心理变化和实际承受能力把握时机，灵活运用。

三是让孩子集中精力做事。一旦养成了集中精力做事的好习惯，孩子就不会出现手忙脚乱、被动应付的局面。反而会觉得时间比较充裕。

对孩子来说，做作业集中精力很快做完，与拖拖拉拉总也做不完比较，前者反而可以腾出更多自由支配的时间，可以去做自己喜欢做的事，或玩耍，或游戏，或看电视，或读课外书等。

四是培养孩子的时间观念。培养良好的时间观念是一个人做事的基本前提，但并不意味着全部。尤其是对青少年儿童而言，良好的行为习惯是多方面的。

父母是孩子的第一任老师，在与孩子朝夕相处的岁月中，最了解也最熟悉自己的孩子，同时，父母有意无意在孩子面前所表露的一举一动，都对孩子一些习惯行为的形成起着至关重要的作用。

但由于一些父母的疏忽，总认为孩子还小，"树大自然直"，对孩子做事少闻少问，少说少管，正确的行为缺乏鼓励强化，错误的行为没有坚决抵制，久而久之，使问题变得更加突出，好习惯没有形成，却形成了许多坏习惯。

五是让孩子体味"快"的甜头。孩子在感觉到做事快对他来说大有好处时，才会认为做事快是值得的，是一种好的习惯。他做事时的动作，才会因此而更加"快"起来。

孩子自己会有一笔账：我做得越快任务越多，反正也不能出去玩，不如索性做得慢一点，起码可以省点力气。这个问题解决的最好方式就是，平时不要总是对孩子层层加码，要把孩子节约出来的时间还给孩子，在孩子较快完成了任务之后，赋予孩子自由安排生活的权力，让孩子去做一些自己感兴趣的事情。

六是从善于抓紧时间着手。为了不浪费时间，要让孩子的一切生活与学习用品，摆放有序，要有规定。若摆得杂乱无章，就会常常为找东西浪费许多宝贵的时间。

要从小养成今天的事今天做完的习惯，督促孩子把应该做的功课按时完成，不要随意将任务推迟。切忌明天复明天，明天何其多的拖拉作风。

在养成按时完成任务这个好习惯的过程中，父母要耐心细致地说服帮助，不可性急、焦躁，更不可采取粗暴强制的办法。在督促孩子完成他自己排定的任务时，要着眼于时间观念的培养，而不仅仅是应付差事。


# 好奇心让孩子学会思考


21世纪，是知识经济发展的时代。社会之间存在的竞争归根结底就是人才的竞争，在这里人才指的是具有一技之长的人，无论你是钳工、焊工、电工还是车工。

**好奇心是"人类的第一美德"**

作为父母，要想把孩子培养成适应时代要求的建设者，必须注重孩子的好奇心。好奇心是激发孩子兴趣和创新精神的源泉，所以，好奇心在很大程度上促使孩子有更大的进步。


有一次，潘阳看见妈妈买回来一袋苹果，刚一放在餐桌上，苹果就滚下来了。于是潘阳很好奇，就问："妈妈苹果为什么会从桌子上掉下来呢？"

妈妈说："因为苹果是圆的，它才会掉下来的。"还有一次，潘阳正在画画，她的妈妈发现潘阳画了一个方的苹果，于是就耐心地询问："苹果都是圆的，你为什么画成了方的呢？"

潘阳回答说："我看见妈妈买回家的苹果发放在餐桌上，一不小心，滚到地上就摔坏了，我想苹果是方的，那该多好啊！"

　　妈妈立即鼓励道："你真会动脑筋，祝你能早日培育出方苹果！"潘阳听了妈妈鼓励的话很高兴，从此以后，他对任何事物都非常好奇，而且还十分爱动脑筋。


　　好奇心是人类的共性，也是一种极为宝贵的心理品质。孩子的好奇心、自尊心、自信心与其健康成正比，它们之间是相互促进的。对于孩子的好奇心，父母要给予支持、鼓励、肯定、赞扬、欣赏的态度，这样就能够激发他们对新鲜事物的兴趣。

　　在父母的肯定与表扬下，就能很好地保护孩子的好奇心。同时，孩子就会取得相应的进步，从而引导和培养孩子"发现问题、分析问题、解决问题"等结合能力。

　　好奇心被誉为"人类的第一美德"只要孩子有了好奇心，才会去学习、去探索，去发现。所以，也有人称它为"探究反射"。一个泯灭好奇心的人，面对浩瀚无垠的知识海洋，他就会熟视无睹，自然也不会产生学习的兴趣，更不会有学习的热情。由此可见，好奇心被泯灭掉是多么可怕呀！

　　**好奇心是每个孩子具有的天性**

　　正是因为好奇心，才使瓦特看到火炉上的水壶冒出的蒸汽冲得壶盖不停地上下跳动，惊奇不已，以致引起他很大的兴趣，最终研究发明了蒸汽机。

　　所以，从现在开始，当孩子再问到你类似的问题时，不要再麻痹下去了，更不应该去抹杀孩子的好奇心了，否则你将会后悔剥夺了孩子发明的权利。

　　孩子天生好玩，天生好奇。然而，孩子的兴趣多是从玩中发现的，从好奇中产生的。英国教育家斯宾塞说：应该引导儿童进行探索，自己推论，给他们讲的要尽量少些，而引导他们发现应该尽量多些。

在孩子的学习过程中，我们应该把学习的主动权交给孩子，让每个孩子根据自己的想法、自己的体验、用自己的思维方式，去探究、去发现、去创造。父母应该要留意孩子对哪些东西感到好奇，关键是发现孩子的兴趣所在，更有利于我们对孩子的培养。

父母在教育孩子时，不要对孩子说："这不对""那不行"，而是应该激发他们的好奇心。教育孩子关键就是要激发他们的奇思妙想，鼓励他们去尝试，去创新，让他们多开动脑筋，多动手操作。

父母应该给予孩子真诚的关爱，让他们对自己充满自信，情绪高涨，使他们思维敏捷，信心倍增；同时，父母还要理解、宽容、激励他们，让他们体会到自身的价值，坚信"我能行""我一定能做到"。

在孩子的成长过程中，作为父母不能压抑孩子的好奇心理，抑制孩子的兴趣，生拉硬扯地把孩子的心理拽回来，让他们只关心书本，只关心考试，限制孩子的好奇，压抑孩子的兴趣。

大家都知道，羊只对草感兴趣，对周围的事情漠不关心，所以，当遇到困难时，它们只会逃跑或者等死。如果父母限制孩子的好奇心，压抑孩子的兴趣，不就是在培养一只温驯的"羊"吗？因此，父母应该对孩子负责，努力为孩子营造好奇心的氛围，从而激发孩子的兴趣，使孩子的个性得以张扬。

# 创造力是你一生的财富

现代社会最重视的是能力，特别是创造力。社会已经由"学历社会"向"能力社会"转化。未来社会最需要的未必只是分数，而是能力，最值钱的未必是学历而是创造力。

社会在变革，知识在更新，新的时代要求孩子成为思维最灵敏、判断最准确、主意最巧妙的智者。只有这样，孩子长大后才能够灵活自如地适应时代的发展需要，成为一名知识和能力兼有的创新型人才。

所以，父母必须从孩子小时候起，就注重对他们创新习惯的培养。这对他们成就未来美好的人生是十分有帮助的。

**认识创新思维的重要性**

创新是一个民族进步的灵魂，是一个国家兴旺发达的不竭的动力。创新的思维品格，是一切创新的重要基础。

整个人类历史就是一个不断创造、不断创新、不断超越的过程。孩子是未来，同时他们也是未来竞争的直接参与者。所以，重视和培养孩子的创新思维，是每个父母的责任和义务。

创造性思维对人才来说是一个十分重要的素质，幼儿期是创造性思维开始萌芽的时期，这时创造性思维可以在他们的许多活动中表现出来，其主要特点是敢于大胆想象，不受客观事物的限制。

因此父母应该重视孩子这种可贵的创造性思维萌芽，通过一定的教育手段，使这种创造性思维得以充分发展，为其未来的成长奠定良好的发展基础。

创造性思维作为人类认识新领域、认识新成果的一种思维活动，需要人们付出艰苦的脑力劳动。一项创造性思维成果的取得，往往要经过长期的探索、刻苦的钻研、甚至多次的挫折之后才能取得，而创造性思维能力也要经过长期的知识积累、素质磨砺才能具备，至于创造性思维的过程，则离不开繁多的推理、想象、联想、直觉等思维活动。其特质表现为：

一是创造性思维具有新颖性。它贵在创新，或者在思路的选择上，或者在思考的技巧上，或者在思维的结论上，有着前无古人的独到之处，在前人、常人的基础上有新的见解、新的发现、新的突破，从而具有一定范围内的首创性、开拓性。

二是创造性思维具有灵活性。它无现成的思维方法、程序可循，人可以海阔天空地自由发挥想象力。

三是创造性思维具有十分重要的作用和意义。首先，创造性思维可以不断增加人类知识的总量；其次，创造性思维可以不断提高人类的认识能力；再次，创造性思维可以为实践活动开辟新的局面。此外，创造性思维的成功，又可以反馈激励人们去进一步进行新的创造性思维。

就当今而言，社会所要培养的是创造性人才。创造性人才应学会创造性思维，能够打破常规，具有敏锐的洞察力、质疑能力、辨识能力以及探索能力。

所以，培养孩子的良好创新习惯，并非要求像林黛玉进入贾府一样，唯唯诺诺，不敢多走一步路，不敢多说一句话。而是要鼓励孩子在遵守常规的基础上，养成一些富有个性的创造性思维习惯。切忌以习惯养成为名束缚孩子的言行，从而扼杀孩子的创造性。

总之，孩子的思维能力是幼稚的，但其发展潜力却是很大的。作为父母，要善于抓住孩子身边发生的每一个能激发他们思考和想象的事物，来培养孩子的创造性思维，这对孩子成就未来美好的人生，是十分重要的。

**培养孩子创新思维的方法**

创新能力是一个人最重要和最有价值的一种能力。一个孩子将来有多大成就，关键在于他的创新能力如何。作为父母，应该充分重视对孩子创新能力的培养。那么，应该从哪些方面来培养孩子的创新能力呢？不妨注重如下方面：

一是带孩子接触新事物。能力需要大量的知识做铺垫，假如大脑里没有多少知识，对外面的世界几乎不了解、不熟悉，即使智商很高，也是不会有创新能力的。

父母要根据孩子的年龄大小和生活环境，经常利用节假日带领孩子接触新鲜事物。住在农村的，可带孩子去城市，让他们认识城市的建筑；住在城市的，可带孩子去农村走走，让他们认识认识农作物、家畜家禽以及欣赏田园风光、了解花鸟草虫的生存特性等。

认识事物越多，想象就越宽广，就越有可能触发新的灵感，产生新的想法。如果整天把孩子关在家里，一心只想着让孩子学习，最终只能培养成没有创新能力的"书呆子"。

二是鼓励孩子大胆探索。玩耍是孩子共有的天性，孩子越会玩往往就越聪明，不会玩的孩子不可能是聪明的孩子。父母要积极鼓励孩子进行探索性玩耍，积极鼓励，就是要创造条件，必要时也可能一道参与玩耍。

探索性玩耍，就是要鼓励孩子玩出新的花样，尝试各种各样不同的玩法。总之，不要阻止孩子去玩耍，以有效增进孩子的智慧，培养其动手能力。

三是正确对待孩子提问。爱向大人提问题，是孩子进行思考和钻研的主要途径之一，是探索意识的表现。孩子从会说话起，就开始会提问。由于年龄小，所提的问题往往十分荒唐，有的可能父母无法回答，但不管问得怎样，孩子都是渴求得到解答的。

作为父母，都应该心平气和地、认真地对待。对孩子的提问，父母有时可以直接回答，有时可以启发孩子自己去寻找答案，对于那些父母自己无法回答的问题，可以实话实说，与孩子一道探索。

四是启发孩子的思考力。在日常的家庭生活里，要经常去引导孩子进行多角度地看待事物和分析事物，逐渐养成善于思考的好习惯。

其实，社会生活和家庭生活中每一个事物，都可以作为启发孩子多角度思维的内容。多角度思考问题，实际上就是进行发散性思维的训练。培养孩子学会发散性思维，是促进孩子具备创新能力的前提。需要父母从小进行引导和培养。

五是训练孩子想象能力。想象是创造之母，假如没有想象力，就不会有创新力的出现。在日常生活中，父母要有意识地训练孩子的想象能力。比如，平时多给孩子提供一些富有幻想色彩的书籍；进行概念的连接训练，经常出一些毫不相干的概念，让孩子通过相关的中间环节把两个毫不相干的概念联系起来；对于爱看课外书籍的孩子，可以鼓励孩子自己去想象着编制一些小故事。

当然，着手培养孩子的创新能力还有很多途径，家庭生活和社会生活是非常丰富多彩的，其具体经验需要从具体的生活中获取，父母们应进一步探索和总结。

### 培养孩子创新精神应遵循如下原则

一是要从简单常见的事情入手。培养孩子的创造能力，不能起点太高，要从易到难，从简单到复杂。刚开始时最重要的是培养孩子逐渐具备创造的观念，在大脑中逐渐形成创造的意识，让孩子从常见的事物开始训练创造能力，让他们在平常中找到异常，在熟悉中找到陌生，使他们不易形成"熟视无睹"的心态，这正是创造能力发展的基本条件。

二是独立地进行创造性思维。父母要引导孩子独立地进行创造性思维，用自己已掌握的知识和经验，针对要解决的问题，发现新的具有创造意义的解题方法。独立思考是孩子发展创造能力的一个关键点，因为孩子模仿能力较强，依赖感较强，如果不培养他们的独立性，就会逐渐养成依赖的习惯，这对他们创造能力的发展是极为不利的。

三是尽早体验到创造的快乐。创造活动是一件快乐的事情，同时也是一件艰辛的脑力劳动。父母应尽早让孩子有所创造、有所成就，让他们体验到创造成功的快乐，从而激发他们进行创造的兴趣和动机。

父母可以为孩子提出一些问题，让孩子成功地解决，在一次次成功的快乐中，孩子创造的观念逐渐形成。创造成了孩子学习和生活的一部分，犹如吃饭、睡觉一样成为孩子生活中的一种需要，父母对孩子的创造能力的培养也就成功了。

# 不要攀比，清醒做自己

攀比是一种社会心理现象，是每个人都会有的心理状态。但攀比不能盲目，攀比不能陷入迷途。

对于孩子来说，当痴迷于在物质上跟别人比个高低的时候，就会失去远大抱负和崇高的理想，因而会变得麻木，看不到前途的所在。可以说，盲目攀比对人对己毫无益处，父母必须对此引起高度的重视。

**盲目攀比的主要表现**

孩子盲目攀比的情形主要有如下方面：

一是攀比炫耀自己的穿戴。关于盲目攀比、炫耀自己的穿戴，这一点在中小学生身上体现得更为明显。可能有很多人会以为，中小学生无外乎是穿些运动服、运动鞋之类的，那会花掉多少钱啊？其实不然，虽然中小学生可能不会去买那些高档的西装礼服，但是，如果真的讲起穿戴，可能会让很多人出乎意料。

很多中学生对于各种衣服的品牌说得头头是道。光知道还不算，同学之间比着看谁的衣服牌子更硬，谁的鞋子更贵。就拿学生穿的最多的运动服来说，现在已经有好多中学生开始有品牌意识了，不是名牌不穿，不是当红的明星做代言人的品牌衣服不穿。更有甚者，连国内的衣服也不穿了。

二是攀比炫耀自己的用品。对于中小学生来说，可能会将攀比的行为延伸至自己日常所用的物品。比如书包、文具盒、钢笔甚至小至橡皮也要比较谁的更贵更高级。

如果留心，我们会发现，有很多这样的同学，他们为了不断地买到比其他同学更高级的橡皮，居然会向家里人谎称橡皮丢了，所以要买新的。

在很多人的眼中，一块小小的橡皮是花不了多少钱的，所以他们会心安理得地去要求父母不断买新的。其实这也绝不单是钱的问题，从这里开始，他们在不断地培养着自己撒谎的本领，慢慢养成了不诚实的品性，这都是会为孩子未来的健康成长埋下重要隐患。

三是攀比炫耀生日的排场。对许多中小学生来说，举行一个奢华隆重的生日派对已经变成了每一年的一个重要节目。很多人早就不满足于那种只是家人或是最要好的朋友在一起简单地祝福一下的生日了，而是想出了各种各样的办法相互攀比着过生日。

有的人要父母掏钱请班里所有要好的朋友到饭店大吃一顿，还不能有父母在场，他们像成年人一样在饭店大吃大喝，开香槟、切巨大的蛋糕，场面隆重盛大。

而那些参加别人生日派对的同学也是相互比谁送的礼物更拿得出手，你送100块钱的礼，我就一定要送200块钱的。结果是大家的礼物一年比一年时尚，一年比一年昂贵。

有的小寿星还会趁此机会理直气壮地敲父母一笔，把所有平时被父母拒绝的要求都在这一天提出来。他们知道，这一天父母是不会让自己伤心的。

四是攀比炫耀自家的汽车。现在很多人家里都买了家用小汽车了。本来这只是一个交通工具，是为了让我们的生活更方便而已。小汽车本身与中小学生的身份地位是毫无关系的。可是现在，有很多中小学生开始把自己家的小汽车拿来作为攀比和炫耀的资本。

有些孩子看着别的同学的爸爸开着更高级更好的汽车就会心里不舒服,而那些家里有高级汽车的孩子呢?也会经常以此为资本来炫耀。

如果这样,我们的孩子不仅会变成势利眼,还会因此大大影响与周围同学的关系,更严重的是会影响到孩子们的价值取向,使自己慢慢变成一切向钱看的人,这是最要不得的。

**改变盲目攀比的方法**

身为父母,要改变孩子的攀比心,不妨从以下方面入手。

一是尝试采用反攀比。孩子们在攀比的时候,最典型的理论就是"别人都有,所以我也应该有"。因此,别人买了新书包,我也应该有;别人买了名牌服装,我也应该有;别人有了新式玩具,我更应该有。

这时,无论父母如何解释,因为孩子的心理和行为往往受情绪控制,缺乏理智,不能理解人需要的满足是受一定条件限制的,因此很难一下说服。对付这样的孩子,比较快速生效的办法是父母进行反攀比。比如:用孩子有的东西比别人没有的东西等。

二是改变攀比兴奋点。孩子有攀比的心理,说明孩子的内心有竞争的倾向或意识,想达到别人同样的水平或超越别人。

父母就要抓住孩子这种上进心理,改变孩子攀比吃穿、消费的倾向,引导孩子在学习、才能、毅力、良好习惯方面进行攀比。比如当孩子埋怨老师经常表扬某同学时,父母可以和孩子一起研究,列出这个同学的优点,让孩子暗中努力和同学比一比,看能否超过他。又比如当孩子和同学比穿着时,父母可以从穿着的整洁美、颜色的搭配美等方面,去改变孩子的攀比兴奋点。

三是要孩子纵向攀比。不妨多鼓励孩子自己和自己比。例如让孩子今天和昨天比，这个月和上个月比，本学期和上一学期比。

在这种纵向的攀比中，孩子会经常看到自己的进步，原来不会的拼音现在都会了，原来不认识的字现在都认识了，原来不懂的道理渐渐地懂了。这些比较都可以让孩子获得进步，自信心也会增强，并在欣赏自己的过程中努力超越他人。

生活中的每一个人都不一样，每一个人的环境条件，千差万别，每个人都有自己的生活轨迹。就像宇宙间的行星，每个行星只能在自己的轨道上运行一样，和别人攀比，势必要踏入他的轨道。在你的轨道上，你永远也不能走他的轨迹。你要进入他的轨迹，要么，他把你撞得头破血流，要么，你永远步他的后尘。

就实质来说，造成孩子盲目攀比和炫耀的一个重要原因就是虚荣心。虚荣心会导致自己追求那些超过自己实际需要的东西，去追求一些华而不实的事物。所以，克服虚荣心才能从思想上斩断盲目攀比炫耀的根源，这是十分必要的。

# 改掉任性，养成好性格

孩子都有属于自己的脾气，一旦孩子的脾气上来了，孩子就会打闹，不管是谁都不能阻止孩子的任性行为。任性的孩子总是想干什么就干什么，而从未考虑过事情的后果，很多父母对孩子的任性行为非但没有阻止，还任由这种性格发展下去。

结果，孩子越来越任性，在与他人相处的过程中，孩子也会变得从不为他人考虑，也从不考虑后果，只知一味地展示自己的任性。如果孩子一直这么任性下去，对孩子来说，绝对不是好事。

**造成孩子任性的原因**

星星今年已经是小学三年级的学生了，在上个周末，妈妈带着星星到商场给孩子的奶奶挑选生日礼物。谁知就在母子俩路过一个玩具专柜的时候，星星就不走了，无论妈妈怎么喊他都不行，硬是指着其中的一个机器狗玩具要妈妈买给他。

妈妈劝星星，家里这样的玩具已经很多了，没有必要买那么多一样的玩具，催促着星星赶紧走去给奶奶买礼物。结果星星不肯，非要妈妈卖给他，妈妈答应他等到下回他生日的时候买给他，可星星还是不愿意。

妈妈不买，星星干脆一屁股坐到地上开始哭闹。星星的妈妈一看儿子闹起来了，赶紧过去希望把孩子拉起来，谁知星星又在地上打起滚儿来。搞得很多逛商场的人都过来看，还以为是妈妈打孩子呢。星星的妈妈觉得尴尬极了，赶紧掏钱买了机器狗拉着星星"逃"出了商场。

这样的经历相信每一个父母都有过，生活中与星星一样的孩子也有不少。任性的孩子对父母的劝告丝毫听不进去，稍不顺心意就会闹起来，直到父母答应自己为止。

任性的孩子总喜欢用哭闹等手段威胁父母，如果父母不答应，他们就会变本加厉地闹下去。很多父母在看到孩子闹的时候，就会立刻妥协，满足孩子的要求，这样反而不好，会助长孩子任性的脾气。

如果孩子在今后的生活中，总是什么事都由着自己的性子来，那么孩子的性格就会向着错误的方向发展，孩子会变得越来越不听话。

造成孩子任性的原因有多个。首先孩子的任性与父母的溺爱由着极大的关系。父母的溺爱可能是孩子任性产生的根源，另外就是父母对孩子的教育方式不正确，错误的教育方式也会助长孩子的任性脾气。

如果父母喜欢当着他人的面批评自己的孩子，那么即使是家长的话是正确的，孩子也不会听，孩子会因为父母的话觉得自己的自尊受到了伤害，会为了自己的面子而与父母故意对着干，也就造成了孩子任性的脾气。

**让孩子不在任性的方法**

如果自己的孩子是任性的孩子的话，父母可以在与孩子一起做某些事情的时候，提前给孩子打"预防针"，告诉孩子如果到时候撒娇了，父母会对他做出怎样的不好的对待。

比如例子中在带孩子去商场之前，父母可以提前告诉孩子，在逛的过程中，孩子只许看，不许撒娇要东西，如果不听话的话，就不让他一起去商场了。如果孩子按照父母的话做到了，父母要对孩子的行为加以表现。

在孩子发挥任性脾气的时候，父母不能因为孩子一哭闹就妥协，就满足了孩子的要求，对于孩子提出的不合理的要求不能做出丝毫的让步，否则这会让孩子觉得自己万事都可以随着自己的性子来，这只会助长孩子任性的脾气。父母在面对孩子的无理任性的时候，要态度强硬，坚持到底，不能随随便便就迁就了孩子。

父母要鼓励孩子多与同龄人交往，孩子可以从同龄人当中不任性的孩子那里受到一些启发，慢慢地就会向他人学习，自己改掉任性的坏毛病。

# 如何让孩子健康成长

　　干净整洁的形象不仅能够体现一个人的精神面貌，还会让人对自己充满自信。因此父母应首先明确这样一个道理：孩子不讲究卫生、不讲究仪表美，可不是一件小事情。若想让孩子养成良好的卫生习惯，父母就一定要严格培养孩子干净整洁的习惯。

　　**培养孩子干净整洁习惯**

　　孩子天生爱动，通常一会把叠好的衣服翻腾一遍，一会把摆放整齐的书籍弄乱，一会把身上的衣服弄得满是灰土，一会又把自己搞得像花脸猫，只要不是吃饭睡觉，就总是忙忙碌碌的，你不知道他心里在想些什么，要做些什么。

　　这正是孩子的天性，父母是不能阻止他的，必须让他尽兴，累了他自己会去休息。父母就要跟在孩子后面，不断地把衣服、书籍整理好、脸蛋双手洗干净，不停地在做着孩子的守护神。

　　不过，这只是从孩子的年龄特点来谈论的，绝不是说父母就希望孩子没有干净整洁的习惯。随着孩子的不断成长，渐渐懂事，父母就要注意培养孩子干净整洁的习惯，不能一味地让孩子"捣乱"、"脏兮兮"下去。这是父母需要负的教育孩子的责任，是孩子养成良好的行为习惯不可或缺的。

　　但这种父母的培养，并不是限制孩子动东西，而是在孩子弄乱了东西之后，和孩子再一起把它整理好；在衣服或者脸蛋、双手弄脏之后，父母就要及时地告知孩子这样的后果：脏兮兮的细菌在身上容易生病。

不让孩子玩耍是不对的，但永远做孩子的奴隶，总是跟在孩子的后面收拾，也是不对的。比如现在的很多孩子甚至成年人，出门时打扮得干净利落，神采飞扬，可是家里却弄得像猪窝一样，就是没有受到很好的家庭教育的结果。

他们只会破坏，不会建设，或者说不屑于做这些事，以为总有别人替自己做，这种想法是错误的，因此说，很多事父母仅言传是不能教育好孩子的，更多是需要身教，在潜移默化中影响孩子的习惯。

所以，做父母的，尤其是年轻的父母，必须注重培养孩子的干净整洁习惯。父母并非一味地宠着惯着孩子才是对孩子的爱，而要从孩子的将来着想，把爱一点一滴地渗透到帮助孩子养成好的习惯的过程中。父母不要小看让孩子刷牙以及饭前便后的卫生行为，也不要小看了习惯性地收拾一下屋子，把几件衣服叠好，把几本书摆放整齐，这对培养孩子将来的自理能力，是非常重要的。

**培养孩子干净整洁方法**

孩子是否养成干净整洁的习惯，既影响他的身体健康，又影响他在孩子群体中的形象，影响孩子的自尊心。可以说，从小培养孩子干净整洁的良好习惯，能使孩子受益一生。对此，父母应着重注意如下方面。

一是有自己的专用用品。孩子应有专用的牙膏、牙刷、毛巾、面盆、茶杯、床铺及卧具等。要督促孩子自己使用，自己收拾。而且要告诉孩子打喷嚏时捂住嘴和鼻子，防止病菌传给别人。

二是养成勤洗手的习惯。孩子只要能用手够着自来水管时，就可以在大人的照看下，让他在自来水管下自己将脸、耳后、颈部、手腕等处洗干净。要让孩子做到早晚洗手洗脸，饭前、便前、便后、放学回家和玩耍过后都洗手，或只要发现手脏了就随时清洗，以保持手的清洁，防止病菌随手入口。

三是坚持早晚刷牙习惯。孩子2岁时，就可以开始用凉开水漱口，3岁至4岁时让其饭后漱口，开始学刷牙，早晚各一次。一定要教会孩子正确的刷牙方式，同时告诉孩子睡觉前不吃糖果饼干等，以随时保持口腔清洁。

四是勤洗澡和勤剪指甲。大多数孩子都比较喜欢洗澡，孩子不习惯时，可先让其拍水，待熟悉后再下水。大人帮助其洗澡时，动作应轻柔、敏捷，三四岁的孩子应学会自己用毛巾或手擦前胸、胳膊、腿。睡觉前要养成洗脚的习惯。

要给孩子勤理发，勤剪指甲。孩子的头发以整洁、大方为宜。指甲长了，藏污纳垢，很不卫生，也容易抓伤皮肤，大些的孩子父母应教会其自己修剪。

五是要注意耳鼻的卫生。要教育孩子保护鼻道，不抠鼻孔，养成用鼻子呼吸的习惯，这样可以使吸入的空气经过鼻道时变得洁净、温暖和湿润，保护呼吸道和肺，避免疾病。

同时，要教育孩子不挖耳朵，不将异物塞入耳内，洗脸洗澡时不把水弄进耳内，以免损伤鼓膜，引起中耳炎，影响孩子的听力。

习惯的培养并非一蹴而就，要从日常生活的点滴小事做起，要长期培养，逐步形成。

一般来说，一些自小就能把衣服叠得整整齐齐的女孩子，往往会成为一个卫生习惯良好、仪表端庄的人。因此，父母一定要在女孩子还小的时候，就让她自己负责整理衣服，并给予适当的指导。比如父母可让孩子先从小衣服叠起，比如短衣、内衣、孩子自己的衣服等。

熟练之后，父母再教孩子叠一些大衣服和厚衣服，如孩子的棉毛衫、妈妈的上衣、长裤等。在这个过程中，父母要教给孩子一些技巧，例如怎样才能把裤子叠得不出褶、怎样才能把衬衫叠得更平整等。

# 培养孩子竞争好习惯

在现代社会，父母若只是一味提倡孩子与世无争，那么孩子以后将会面临被社会淘汰的危险，所谓竞争意识，就是指对外界活动所做出的积极、奋发、不甘落后的心理反应是，这也是产生竞争行为的前提条件。

### 良好竞争对孩子的重大意义

父母从小就注意培养孩子的竞争意识，鼓励孩子参与竞争，对于孩子一生的健康发展具有重大意义。

卢航的父母从小就教育他，不要太争强好胜，以免别人说你骄傲，也免遭别人的嫉妒。卢航也很听父母的话，学习中等，平常表现的与世无争，学校举办的活动他也从不参加。

渐渐的，卢航好像只是活在自己的世界里，不爱和同学交流，生活关注点只是自己，他越来越不合群，父母也开始发愁，在现代这个竞争激烈的社会里，没有竞争意识，孩子以后踏入社会能独立吗？

社会只有创新才能进步，人类只有竞争才能取胜。父母在教育孩子时，要善于激发孩子的求知欲望和求知兴趣，鼓励孩子多参与动脑、动手、动眼、动口，使其善于发现问题，提出问题，并尝试用自己的思路去解决问题。

父母切忌不可用现成答案和自己的模式来限制孩子，束缚孩子思维的手脚，父母应为孩子表现出的"新思想""新发明"，及时给予肯定和表扬，并鼓励孩子坚持探索。

**竞争意识的培养方法**

当今社会，父母们也愈来愈认识到培养孩子竞争意识和竞争能力的重要性。但很多父母苦于不知从何入手，以下有四点建议：

一是培养孩子正确的竞争意识。追根溯源，竞争意识和自我意识是紧紧联系在一起的，准确的自我意识是在和他人的比较之下才显现出来的。青春期可以说是孩子自我意识发展的关键时期，为了其个人心理的发展，需要拥有与别人区分开的、独特的、私有的经验，从而显示出自己的独立人格。

青春期的孩子喜欢在他人面前表现自己，他更知道自己的言行将会怎样影响自己在别人眼里的形象。当孩子竞争意识开始萌芽，也正是孩子自我意识发展的重要表现，父母应及时予以支持和正确引导。

二是培养和发展孩子的个性。孩子的个性各异，有些孩子是需要竞争的刺激才能把潜能充分发挥出来，若是把握到位，竞争意识会成为孩子努力把事情做好的动力。

据心理学研究显示，人的个性和竞争能力紧密联系，具有良好个性的孩子，对待竞争问题会更理智、积极。父母应以自己孩子的性格特点和兴趣特长为出发点，培养孩子完善的人格，使其具备更强的竞争能力。

三是端正孩子竞争的心态。还有一些孩子是天生具有争强好胜的性格，若是家长对此感到忧虑，那么首先应帮孩子端正心态，要使孩子明白竞争是展示自身实力的机会是件美好的事，要用从容的心态看待超越和被超越，不应充满妒忌和愤懑。

要让孩子明白：凡事重在参与，要平和地接受失败，并且诚心实意地祝福对手。要让孩子明白，如果能在竞争中取胜当然值得骄傲，但和同伴之间的团结协作的精神，也是现代生活中不可或缺的品质。如果父母能用自身行动作出良好的示范，孩子自然会感同身受。

四是鼓励孩子相信自己。有些孩子总是因为自己不如别人而自卑，父母应该鼓励孩子勇于表达自己的内心感受，用自己的价值观判断是非，相信自己有能力去实现所追求的目标，而不是只能通过竞争来体现自我价值。

父母应该告诉孩子，如果你尽了最大努力之后，结果并不是那么重要了，能做一个继续努力的赢家或是毫不气馁的输家都是很重要的，而不是把全部注意力放于竞争本身。

# 如何让孩子与我们合作

所谓合作，就是平衡一个人自己的需求和他人的需求。在大人世界里，合作的概念常常会与配合、听话、遵守等区别开来。我们说一个人"很合作"，充其量不过是这个人能够按照你的要求完成某些事。

比如警察都希望疑犯"请你合作一点"，从这个意义上讲这只不过是一方的需求得到满足，而不是双方的需要都得到满足。我们讲"合作"的时候，常常会只考虑到自己的需要，对于别人的需要却容易忽视，特别是当对方只是一个孩子的时候。

在"合作"这个天平上，双方应该是平等的，而平衡则必不可少。只有大人明确了"合作"所包含的意义，才能正确地培养孩子的"合作能力"。

许多父母会认为，合作就是小孩子做大人想让他们做的事情。例如："宝贝，背一首唐诗给叔叔阿姨听。""鹅鹅鹅，曲项向天歌……""宝贝，亲爷爷奶奶一个。""啵……""宝贝，把杯子里的水喝掉。""咕咕咕……"

孩子的上述表现，在成人的世界里也许会被定义为：这个宝宝跟爸爸妈妈的合作真好，但实际上他只是顺从，而不是合作。真正的合作是共同努力，是一种给予与取得的关系，而且双方很满意。

### 培养孩子的合作能力

从孩子懂事时起，就要有意识地培养孩子与他人合作的精神和能力。那么，如何培养孩子的合作能力呢？

一是让孩子学会悦纳别人。所谓悦纳别人，是指自己从内心深处真正地愿意接受别人。从实质上来讲，合作是双方长处的珠联璧合，也是双方短处的相互遏制。

因此，只有相互认识到了对方的长处，欣赏对方的长处，合作才有了真正的动力和基础。所以，家长要常和孩子讲"金无足赤，人无完人"，不能因为别人有这个缺点或那个毛病就嫌弃他、疏远他。家长要教育孩子多看并善于发现别人的长处，并诚心诚意地加以赞美，而不是采取一种"不承认主义"。

要教育孩子在平等的原则上为人处事，告诉孩子不管对谁都应树立平等的观念。要让孩子懂得，在人格上人与人之间永远是平等的。遇事要无私，要言而有信。

只有这样，人与人之间才能互相信赖、和睦相处。特别是要教育孩子严于律己、宽厚待人、尊重他人，不要轻易怀疑、怨恨、敌视他人。

二是教孩子学会分享。培养孩子的分享习惯。对于许多父母而言，最重要的还是自己首先要学会与孩子分享，成为孩子分享的伙伴。

在家里，可以让孩子为家人分苹果、橘子等，教给他先分给爷爷、奶奶等长辈，再分给爸爸、妈妈，然后才分给自己。在这种分东西的过程当中，孩子不仅学会了与人分享，而且明白了应该尊敬长辈、关心父母。

然而，一些父母宁可自己受苦也不愿让孩子吃苦，好吃的、好玩的、好用的尽数往孩子面前堆。虽然他们也担心孩子会发展为不关心别人的冷血儿，但在行为上却不会与孩子分享。

更有甚者，孩子诚心诚意请父母一块吃东西，父母却推辞说"你吃，妈妈不吃"，甚至斥责孩子"让你吃你就吃，装什么样子"。就这样，孩子与人分享的好意被父母扼杀了。久而久之，孩子也就不会与人谦让和分享了。

三是让孩子多参加有益的活动。家长可以让孩子玩一些诸如共同搭积木、拼图等需要协作的活动，还要鼓励孩子参与足球、篮球、排球、跳绳等体育活动。这些活动既有团体之间的对抗与竞争，又有团体内部的协调与一致，有利于培养参与者的合作精神。

努力赢得孩子的合作

这天，程程放学回家后刚好是吃饭的时间，吃饭的时候他说手特别疼。妈妈就问："程程，手怎么了？"

"被老师打的！"程程委屈地说。

"什么，老师打的？怎么可能？老师为什么打你啊？"妈妈有些生气地说。

"上课的时候，我自己的本子用完了，想向同学借一个。可是正在讲课的老师把我叫了起来，站了一节课，而且下课时还让我去办公室，然后就把我的手打成这样了。"程程哭了。

"我说呢，老师怎么会无缘无故地打人。这都怪你，上课你借什么本子，不会等着下课借啊，活该！"

妈妈一番噼里啪啦的数落，让程程受伤的心又疼了几分。

马女士的女儿名叫达达。有一次放学回到家里，达达向妈妈抱怨老师当着全班同学的面批评她。

听着女儿的抱怨，马女士没有去评价谁对谁错，而用一种极其友好的语调对女儿说："我想你当时肯定感到自己很尴尬，是不是？因为老师在全班同学面前斥责你。"

听了妈妈的话，达达抬头看了妈妈一眼。妈妈又接着说道："记得我上四年级时，同样的事也发生在我身上。其实我只是在数学考试时站起来借了一支铅笔，老师就当面批评我，令我感到十分尴尬，也很气愤。"

这时，达达开始表现出有点轻松的样子，对妈妈的话很感兴趣。"真的？我也只是在上课时要借一支铅笔而已。因为我没有铅笔了。我真的觉得为这么一点简单的事，老师就教训我，太不公平了。"

马女士回答道："是这样的。但你能不能想出办法，今后避免这种尴尬的局面呢？"

达达说："我可以多准备一支铅笔，那就不用向别人借而打断老师讲课了。"


在上面的例子中，马女士用讲述自己经历的方法，达到了她与达达情感上的沟通，并且很快赢得了达达的合作，使她愿意讨论问题，并找出对她有利的解决方法。这里面最关键的就在于妈妈能够站在达达的位置去看问题，这样达达就不需要把自己放在自卫的状态了。

相反，程程的妈妈不仅没有与孩子沟通，反而把所有的责任都推到程程身上，让孩子感受到了来自两方面的责备。

作为父母，一旦孩子认为你明白他的想法时，要想赢得他的合作就会变得非常容易。孩子感到被理解时会很高兴，就会愿意听取意见，共同找到解决问题的方式。

以下就介绍三种赢得孩子合作的方法。

一是设身处地。告诉孩子，你懂得他此刻的感受。要确保自己的理解是符合孩子心意的。

二是"同病相怜"。即讲述自己的故事，与孩子分享自己的成长故事，告诉他你也曾有过类似的感觉。

三是寻求合作。在成功完成上面两个步骤后，孩子就有可能愿意倾听你的意见了。此时家长可以问他是不是愿意共同寻找解决问题的方法，问他是否有不同想法，以及将来如何避免发生同样的问题。这时要注意用商量的口吻。一般情况下，孩子都会很好地给予合作。

**克服不正确的说话方式**

有的家长对孩子过于苛责，从而伤害了他们的自尊心和自信心，使孩子产生自卑感。在这样的心态下，孩子是很难合作的。下面是一些家长针对孩子不良行为采用的不当方法：

其一：责备埋怨。


家长："你又在墙上留下了黑手印！我说过多少次了，你总是不听话！"

孩子心里想法："对妈妈来说，墙比我还重要，下次再抓住我，我就说不是我干的！"


其二：辱骂。

家长："这么简单都不会做！你真笨！"

孩子："妈妈说得对，原来我这么笨，我何必再试呢？"

其三：威胁。

家长："你再哭！你再碰台灯我就打你屁股！"

孩子："没人喜欢我了，我好害怕"。

这些教育方式不但没有让孩子表现得更好，反而严重伤害了孩子早期正在形成的自我价值观。孩子自从出生那一刻起，便开始吸收他人对自己的评价和看法，别人怎么说他、怎么看待他，他就怎样看待自己。

如果孩子经常听到的是指责、羞辱、谩骂、批评，可想而知，这样的语言堆起来将使孩子变得消极自卑，长大后还会一直摆脱不掉那种糟糕的感觉："我什么都做不好，我怕别人说我，周围的人跟我很难有友好的关系。"孩子一旦产生了这样的心态，怎么会积极地与人合作呢？

# 第四章

# 正面管教，塑造孩子完美德行

著名的教育家苏霍姆林斯基说过："如果没有整个社会，首先是家庭的高度教育素养，那么不管老师付出多大的努力，都收不到完美的效果。学校里一切问题都会在家庭里折射出来，而学校复杂的教育过程产生的一切困难的根源，也都可以追溯至父母。"由此可见，父母对孩子的美德教育是多么重要。

家庭美德教育实际上就是培养孩子的一种道德教育，即塑造孩子高贵的品质和完善人格。美德教育的内容主要包括诚信、宽容、善良、感恩、勤劳、俭朴等。只有改正了孩子在美德上的一些缺陷问题，孩子才能够在社会中更好地成长，更加的受欢迎。

# 做一个诚实正直的人

从小就要教育孩子有责任感，关心他人，以正直诚实的品质面对生活的挑战。

## 诚实和正直是一种美德

做父母者要从小就培养孩子的这种美德。做父母的都知道，孩子几乎是刚会说话就开始撒谎，有时可能更早些。例如：

母亲到另一个房间接电话时，两岁半的拉拉弄翻了粥碗。母亲回来后十分生气，"拉拉，是你干的吗？"尽管当时没有别人在场，拉拉还是一个劲地摇头否认。有时候撒的谎很容易识破，父母们总是忍不住要笑。

有一天早晨7点钟，马克的父亲发现用巧克力做的复活节玩偶的脑袋不见了，便问3岁的马克。马克尽管满脸都沾上了巧克力，却还是说不知道是谁吃的。

拉拉和马克知道自己的行为不对，害怕父母生气，却不知道撒谎也是不对的。孩子在2至3岁时，认知和语言能力的发育都不成熟，还不能看出自己的言行之间的直接关系。对他们来说，行为远比语言重要得多，而语言都是模糊的，有多重含义的。

一般来说，4岁起孩子们开始明白，故意说谎而误导别人是不对的。事实上，这时候或稍大一点的孩子对事实几乎达到狂热的程度，如果发现父母、兄弟姐妹或朋友说谎骗自己，会非常愤怒。一句特别的话，其真实与否远比说话者的意图要重要得多。

通常情况下，随着年龄的增长，大多数孩子的情商也相应提高，而诚实却不然哈佛大学的研究人员搞过一次实验，专门测试孩子对说谎看法的改变过程。

5岁时92%的孩子认为说谎永远不对，75%的人说自己从未说过谎。到11岁时，只有28%的人认为说谎永远不对，没有人宣称自己从未说过谎。随着年龄的增长，孩子们逐渐开始区分谎言的类型和轻重程度。

**撒谎的多种表现和危害**

为了逃避惩罚而说谎是最坏的，比如"我丢了手表，所以上午没法不迟到"等等。为了不伤害某人的感情而说谎就不那么坏，比如"我喜欢你的新眼镜，它使你看上去更聪明"等。

而为了帮助别人而说的利他主义的谎言，已经被看作是可以原谅的、高尚的，比如"托米把身上弄脏了，是我的责任。是我让他走那条很泥泞的小道的，我以为那是条捷径。"

著名儿童教育专家波尔·艾克曼讲，孩子不诚实有多种原因，有的可以理解，有的不可以。小一点的孩子说谎一般是为了免受惩罚、得到自己想要的东西或让同伴羡慕。

少年说谎更多是为了保护隐私、考验权威、避免受窘。

虽然说谎在人成长过程中是可以理解的，但是如果孩子习惯性地说谎或对关系重大的事情也不说实话，那么就成问题了。

正如艾克曼所描写："对重要问题撒谎，使父母处理起来更困难，撒谎作为一个问题就更严重。撒谎腐蚀了人与人之间的亲密关系，滋长了不信任，损坏了互相信任的关系。说谎意味着不尊重被骗对象。使得与经常撒谎的一人在一起生活几乎变得不可能。"

哈佛教育专家从对长期说谎的孩子所做的研究发现，这些孩子也经常有些其他的反社会行为，如偷盗、诈骗和横行霸道等等。部分原因在于，不讲真话的孩子一般与不诚实的孩子为伍，形成一个小圈子，进而认为在圈外说谎也是可以接受的。

艾克曼还指出，这些孩子往往成为"棱角效应"的牺牲品。当我们发现孩子说谎时，便不自觉地认为这就是他的性格，因而总觉得他会干出其他反社会的行为。

许多时候，大人的这些不自觉的想法，成了孩子自我实现的预告，孩子便按照大人的这些坏"期望"长大。

# 诚信我们的立身之本

诗人本杰明·鲁迪亚德说："没有谁必须要成为富人或成为伟人，也没有谁必须要成为一个聪明的人，但是，每一个人必须要做一个诚实的人。"

诚信是人性一切优点的基础，也只有诚信的人才最值得信赖。诚信这种品质比其他任何品质更能赢得尊重和尊敬，更能取信于人。所以，父母必须注重对孩子诚信做人的教育。

## 诚信是一个人的立身之本

诚信是一个人的立身之本，是一生当中最宝贵的财产，它能让孩子保持正直，挺直脊梁、光明磊落地做人，还能给孩子以力量和耐力。

在社会生活中，诚信不仅具有教育功能、激励功能和评价功能，而且具有约束功能、规范功能和调节功能。就个人而言，诚信是高尚的人格力量；就社会而言，诚信是正常的生产生活秩序；就国家而言，诚信是良好的国际形象。

一个人如果没有诚信的品德和素质，不仅难以形成内在统一的完备的自我，而且很难发挥自己的潜能和取得成功。北宋时期的教育家程颐说过："学者不可以不诚，不诚无以为善，不诚无以为君子。修学不以诚，则学杂；为事不以诚，则事败；自谋不以诚，则是欺其心而自弃其忠；与人不以诚，则是丧其德而增人之怨。"

诚不仅是德、善的基础和根本，也是一切事业得以成功的保证。信是一个人形象和声誉的标志，也是人所应该具备的最起码的道德品质。

诚信是实现自我价值的重要保障，也是个人修德达善的内在要求。缺失诚信，就会使自我陷入非常难堪的境地，个人也难于对自己的生命存在做出肯定性的判断和评价。

同时，缺失诚信，不仅自己欺骗自己，而且也必然欺骗别人。这种自欺欺人既毁坏了健全的自我，也破坏了人际关系。因此，诚信是个人立身之本，处世之宝。

**培养孩子诚信美德的方法**

诚信既是一种世界观，又是一种社会价值观和道德观，无论对于社会抑或个人，都具有重要的意义和作用。

一是为孩子树立诚信的榜样。孩子能否守信用，能否成为一个诚实守信的人，主要取决于父母的日常教育。对于孩子经常出现言行不一、不履行诺言的行为，父母应该多从儿童的发展认识上来找原因。

不要把孩子言行不一的这种行为看成是道德败坏而打骂孩子。如果父母能够从小就重视起对孩子的诚信教育，并为孩子树立一个诚信的榜样，那孩子肯定可以养成诚信的习惯。

相信大家都知道我国著名的思想家曾子，他对于孩子的诚信教育就十分重视。有一次，他的妻子要出门去办事，儿子看到了就哭着吵着要跟去。

她觉得孩子跟着很不方便，想让孩子留在家里，于是对儿子说："好儿子，你别哭，你在家里等着，妈妈回来杀猪给你炖肉吃。"

儿子一听有肉可以吃，就答应不跟着去了。妻子虽然只是随口说说用来敷衍儿子，但是曾子却把这一切看在眼里，记在心里。

当妻子办完事回到家时，看到曾子正在磨刀，就问曾子磨刀做什么？

曾子说："杀猪给儿子炖肉吃。"

妻子说："我只是说说哄孩子高兴的，你怎么还当真了？"

曾子对妻子解释道："虽然你是哄孩子的，但你要知道，孩子是不能骗的，他们连分辨是非的能力都没有，把父母的话当成真理。如果我们做父母的都说话不算数，那孩子长大后肯定不会讲信用。"

妻子听了之后就与曾子一起把猪杀了，并给儿子做了香喷喷的炖肉。

父母的这种行为直接影响到了儿子。一天晚上，儿子刚睡下没多久就又突然起来了，手里拿着一把竹简向外跑。

曾子问他："这么晚了，不睡觉去做什么？"

儿子回答："我前几天从朋友那里借书简时说过要今天还给他的。可是我白天的时候忘记了，现在虽然很晚了，但再晚也要还给他，我要做一个像父亲一样言而守信的人！"

曾子听了儿子的话，欣慰地笑了。


平时有很多父母为了让孩子听话，总是轻易地许诺孩子一些条件，但是事后却不能兑现。孩子的希望落空后，就会发现父母在欺骗自己，他就会从父母身上得到一些经验，那就是不守信的许诺是允许的，大人的言行也经常不一致的，说谎是允许的等。一旦父母这些不履行承诺的经验转化为孩子说谎的行为时，父母恐怕就要后悔莫及了。

二是父母也要敢于承认错误。英国政治家福克斯素以言而有信著称。他所以能这样，是他父亲教育的结果。


福克斯的父亲是英国的富绅。福克斯很小的时候，花园里有座旧亭子，他父亲想将其拆除，并重新建一座新的亭子。

小福克斯从寄宿学校回家度假，正巧赶上工人拆除亭子，他很想亲眼看一看亭子是怎样拆除的，所以请求父亲允许他推迟一些日子返校。

但是，父亲却要他准时到校上课，争论了很久，父亲终于答应将亭子的拆迁日推迟到第二年假期，这样，小福克斯就可以在假期赶上亭子的修建了。

小福克斯回学校后,父亲就让人把亭子拆了重建。谁知,小福克斯一直把这事放在心上,一放假回家,就向亭子走去。当看到新亭子已经建好时,他失望地对父亲说:"你说话不算数!"

父亲听了大为震惊,严肃地说:"孩子,我错了!言而有信比财富更重要。"

父亲居然真的叫人把新亭子拆掉了,在原地重新再盖一座亭子,帮儿子实现观看这一过程的愿望。

在现实生活中,许多父母都有可能不自觉地对孩子讲了一些不诚实的话,或者讲过的话没有兑现。这时候,父母一定要放下架子,以平等的身份向孩子承认错误,这样反而会赢得孩子的信任。

三是父母不要轻易怀疑孩子。我们经常会看到这样的父母:他们要求孩子吃完饭在房间里学习半小时,结果却每隔5分钟进去看一下孩子是否在偷懒;他们要求孩子去买件东西,也总担心孩子把多余的钱买零食吃。

父母们的这些行为,往往导致孩子用撒谎来对抗,而父母们却认为自己的怀疑是有根据的,这就更加滋长了孩子的不诚信。因为,只有信任才能换来诚信。

四是让孩子接受诚信的教育。做父母的都希望自己的孩子是一个诚实守信的人,都不喜欢孩子说谎骗人。但是,现实生活中却有很多孩子说的一个样,做的另一个样;当面一个样,背后另一个样。

当父母面对孩子的这种行为时通常都是又气又急,不停地训斥甚至是惩罚孩子，但是，这种做法却往往会促使孩子更擅长于撒谎。

其实孩子并不是天生就善于撒谎不守信，这种行为都是由后天的某种需求所引起的。比如为了满足吃、喝、玩的需要，有的时候甚至是为了逃避受批评、受惩罚。从心理学来看，儿童的道德意识和道德行为的发展是紧密相连的。道德意识决定着道德行为，道德行为又反过来体现着道德意识。

但是，由于孩子的认识水平还跟不上道德行为的步伐，所以就造成了认识和行为的脱节。有很多孩子明知自己的行为是不对的，但由于意志力薄弱、自制力不强无法控制自己的行为，造成他们说话不算数，答应人家的事却又不做。

教育孩子是父母的职责，所以，当孩子答应别人什么事时，一定要教导并帮助孩子兑现，如果经过再三努力仍没有做到，就应该说服孩子诚恳地向对方说明原因，并表示歉意。

最重要的是，教育孩子在答应别人之前一定要慎重考虑，认真考虑自己有没有能力做到，要量力而行。如果自己的能力有限，那就不要轻易答应对方。即便自己有足够的能力做到，也要留有余地。如此一来，孩子在答应别人某件事的时候，就会有章可循，还起到了一定的规范作用。

对孩子进行诚信的品质教育，必须是从小开始培养的，还要一直保持下去。父母要教导孩子从小就做一个诚信的人，要始终如一地要求孩子，教导孩子出现缺点和错误时要勇敢承认，接受批评，绝不隐瞒。

父母可以在家里跟孩子一起讨论一下诚信的重要性，为确保诚信能逐渐成为孩子的一种优良习惯，还可以读一些强调诚信重要性的书籍，给孩子讲一些名人诚信正直的故事。

父母要对社会上各种坑蒙拐骗的行为进行严厉地批判，要让孩子坚信，这种弄虚作假的行为是必将受到惩罚的。这样，孩子在成长过程中就能更加明确地分辨是非，长大以后才能成为一个光明磊落的人。

# 宽容，是一种高尚美德

一位哲学家说："有一颗体谅他人的心，就仿佛获得一把钥匙，它能开启未来关闭着的大门。"

宽容心是一种非常珍贵的感情，它主要表现为对别人过错的原谅。这种感情对于孩子个性的健康发展，尤其是情感的健康发展，以及对于孩子良好人际关系的建立，有着非常重要的意义。

## 宽容是一种胸怀和风采

人的一生不可能总是一帆风顺，它是从无数个得到与失去，欢乐与痛苦，成功与失败的之中走过。生活中也不会永远是春光明媚鸟语花香，它也有很多的无奈、苦难和挫折。

而在生活中当我们遇到种种不如意时，我们要保持一种积极向上的心态，更重要的还需用一种友善、豁达、宽容的心去对待。

古人说："海纳百川，有容乃大。"正因为海洋大度的接纳了江河、小溪，才有了它最壮观的辽阔和豪迈。生存需要的是竞争，但生活需要的却是宽容。

哲学家说："宽容是一个人修养和善意的结晶。"富有宽容心的孩子往往心地善良，性情温和，惹人喜爱，受人拥护；而缺乏宽容心的人往往性情怪诞，易走极端，不易为人亲近，因而人际关系往往不好。

现在的孩子大多数都是独生子女，孩子在学校里受了委屈，父母心疼得不得了。于是有的父母就教育孩子说："别人对不起你，你就对不起他，别人打你，你就打他。"这就助长了孩子不仅在学校里不会处理同学之间的关系，而且还会影响到孩子将来人际关系的处理。

因此，父母教会孩子学会宽容，不仅是为了孩子今天能处理好同学关系，而且也是为孩子将来的成功与幸福打基础。

现实生活中，人们常常遇到别人对不起自己或有损于自己的事情，对此不要耿耿于怀，不要过分计较在意，能够笑一笑就过去，这就是宽容。

宽容是人的一种美德，是做人的一种风度和境界。宽容能使人性情和蔼，能使心灵有回旋的余地，能使人消除许多无谓的矛盾，从而化干戈为玉帛。

宽容的人，时时处处都会受到人们的拥戴，因此他们能够处理好各种人际关系，能够很快地适应各种不同的环境，能够融洽地与他人合作，充分实现自己的潜能。

一位翻译曾讲过这样一个故事：

在泰国的一个度假村，有一天，我在大厅里，突然看见一位满脸歉意的工作人员，正在安慰一位大约4岁的西方小孩，饱受惊吓的小孩已经哭得筋疲力尽了。

问明原因之后，我才知道，原来那天小孩较多，这位工作人员一时疏忽，在儿童的网球课结束后，少算了一位，将这位小孩留在了网球场。小孩因为一人待在偏远的网球场，饱受惊吓。孩子的妈妈出现了，看着自己哭得惨兮兮的小孩。

如果你是这位妈妈，你会怎么做？是痛骂那位工作人员一顿，还是直接向主管抗议，或是很生气地将小孩带离开，再也不参加"儿童俱乐部"了？

都不是！我亲眼看见这位妈妈，蹲下来安慰小孩，并理性地告诉他："已经没事了。那位姐姐因为找不到你而非常地紧张难过。她不是故意的，现在你必须亲亲那位姐姐的脸颊，安慰她一下！"

当时只见那位小孩踮起脚尖，亲亲蹲在他身旁的工作人员的脸颊，并且告诉她："不要害怕，已经没事了。"

就是要这样的教育，才能培养出宽容、体贴的孩子。

**培养孩子宽容美德方法**

做父母的，既可以将自己的孩子培养成胸怀广阔的人，同样也可以将孩子培养成心胸狭窄的人。但为了孩子的幸福，同样也是为了孩子的学习，为了孩子将来能有所作为，父母们应当教自己的孩子学会宽容。

一是要学会对孩子宽容。在生活中，父母不仅要对他人有宽容的态度，对待自己的孩子更要有一份宽容之心。因为你的宽容能让孩子效仿。印度民族英雄甘地在回忆自己的成长过程中曾感慨地说："是父亲那崇高的宽容态度挽救了我。"

甘地被人们尊称为"圣雄甘地"，是印度民族主义运动和国大党领袖。他既是印度的国父，也是印度最伟大的政治领袖。

很难想象这么一位英雄人物在小时候竟然很爱撒娇、哭鼻子。甘地从小就对周围的事物特别敏感，自尊心也很强。如果在学校挨了批评，就会难过得受不了。

甘地少年时期，由于好奇，他染上了烟瘾，后来发展到偷兄长和家里的钱买烟抽，而且越陷越深。但是，慢慢地，他觉察到自己偷别人的钱，又背着父母抽烟的行为实在太可耻了。

后来发展到只要想起来，就觉得没脸见人，更无脸来面对自己的父母，内心备受煎熬，他甚至想过要自杀。

后来他终于受不了这种痛苦的折磨了，便把自己的整个堕落过程写在了笔记本上，并鼓足勇气交给了父亲。甘地以为，父亲会狠狠地批评他，甚至惩罚他。

但是，不管他怎么想也没想到父亲看后，不但没有责备他，反而是自己流下了伤心的眼泪。甘地是个很有上进心，也很孝顺的孩子，当他看到父亲心痛的样子时，觉得自己太对不起父亲了，从此，他痛下决心，彻底改正了错误，走上了正道。

父母的行为有时候会影响到孩子的一生。所以，当孩子犯错时不要一味地指责或惩罚，对孩子同样需要持有一颗宽容的心。

二是教会孩子换位思考。当我们出口伤人的时候，首先伤到的会是我们自己。当我们抓起泥巴想抛向别人时，首先弄脏的是我们自己的手。当我们拿花送给别人时，首先闻到花香的也会是我们自己。

生活中一句关怀的话，就像往别人的身上洒香水，自己也会沾到两三滴。因此，父母可以教孩子站在他人的角度来看待问题，让孩子把自己置于他人的位置，设身处地地来思考问题。

陶行知是我国历史上伟大的人民教育家，他在育才学校当校长时，曾经碰到过这样一件事情：

一天，他在校园里经过的时候看到学生王友正在用泥巴丢自己班上的一位男同学，陶行知立即制止了他，并让他放学后到校长室去。

放学时间一到，王友便来到了校长室门口，他做好了挨训的准备。这时，陶行知走过来。他见到王友并没有说任何责备的话，反而是掏出一块糖果递给他，说："这是给你的奖励，因为你按时来了，而我却迟到了。"

王友惊愕地接过糖果，并以不可不可思议的目光看着陶行知。这时，陶行知又掏出一颗糖果递给王友，说："这块糖果也是奖给你的，因为当我不让你再打人的时候，你立即就住手了，这说明你很尊重我，我应该奖励你。"

王友更为惊愕了，他不明白校长为什么要这样，更不知道他到底想干什么。

这时，陶行知又掏出了一块糖果，这次他直接放到王友的手里说："我调查过了，你之所以会用泥巴去砸那些男生，是因为他们不守游戏规则，欺负女生。你砸他们证明你很正直善良，并且有跟坏人做斗争的勇气，应该奖励。"

王友听了既惭愧又感动，他终于知道校长为什么要给他糖果了，他失声地叫了起来："校长，我错了，您处罚我吧！我不该拿泥巴砸人，我砸的不是坏人，而是自己的同学呀！"

陶行知听了之后会心地笑了，他又掏出一块糖果递给王友，说："这还是给你的奖励，因为你能正确地认识错误，可是这是我的最后一颗糖果了，你可以回去了。"

正是陶行知的"精神糖果"让王友明白了，不管在什么时候，都要换个角度想想问题。所以，父母在教育孩子的过程中应该问一下自己："如果我处在那种情况下，我会怎么想、怎么做呢？""我要为孩子做点什么，才能让他认识到自己的错误又不会太难受呢？"如此一来，孩子通常会看到问题的另一面，从而产生宽容的品格。

三是要孩子学会理解他人。金无足赤，人无完人。有缺点和不足乃是人性的必然。和同学相交，和朋友相处，完全没有必要求全责备。完全可以求同存异，只要同学和朋友的缺点不是品质方面的，不是反社会的。

对于朋友的缺点和不足，对于同学心情不好时所说的话和所做的事，我们没有必要事事计较，事事都摆个公平合理。多原谅一次人，多给人一次宽容和理解，同时也就为自己多找了一份好心境，也会使自己觉得在个性完善的道路上又向前迈进了一步。

当然，宽容不是害怕，不是懦弱，不是盲从，不是人云亦云，这一点是必须向孩子讲清楚的。必须让孩子知道宽容是明辨是非之后对同学、朋友的退让，而不是对坏人坏事的妥协。对坏人和得寸进尺的人是没有必要宽容的。

四是让孩子多与同伴交往。宽容之心是在交往活动中培养起来的。孩子只有与人交往，才会发现每个人都有这样或那样的缺点，都要犯或大或小的错误，而只有学会容忍别人的缺点和错误，才能与人正常交往，友好相处。

也只有通过交往，孩子才能体会到宽容的意义，体验宽容带来的快乐。如称赞别人的优点，庆贺同伴的成功，帮助有困难的小朋友，采纳别人的合理建议等。这些都能使孩子得到友谊，分享别人的成功，并使自己也获得进步。

五是鼓励孩子纳新和处变。宽容不仅体现在对人的态度上，也表现在对物和事的态度上。父母要引导孩子多多见识各种新生事物，让孩子喜欢并乐意接受新生事物，能够承受事物所发生的意想不到的变化，善于知变和应变。父母要允许孩子独辟蹊径地解决问题，孩子一旦习惯于纳新和应变，他对世间的万事万物也就具备了宽容之心。

雨果曾说："最广阔的是海洋，比海洋更广阔的是天空，比天空更广阔的是人的心。"宽容是一种修养，是一种博爱，是一种胸怀，是一种风采，它会让人看到一个春光明媚的世界。

"海纳百川，有容则大。"宽容，对人对自己都可以成为一种无须投资便能获得的"精神补品"。学会宽容不仅有益于身心健康，且对赢得友谊，保持家庭和睦、婚姻美满，乃至事业的成功都是必要的。

一个人，只要学会了宽容，人与人之间就会少了很多不必要的猜疑、争吵等，关系也就不会剑拔弩张。只要孩子学会了宽容，就会在成长的路上行走得更加轻松。因此，做父母的要教育孩子在日常生活中，无论对谁，都要有一颗宽容的心。

# 感恩的孩子真善美

感恩是一种心态，是一种生活态度，是一种精神境界，更是一个人的世界观。感恩，体现了人与人之间交往的准则，也是人与人之间一种凝聚力的内核。

感恩之心的缺失，已经成为当代青少年致命的心理弱点。因此，在家庭教育中，父母必须注重对孩子感恩心理的教育，让孩子懂得用感恩的眼光看待我们这个世界。因为感恩之心是一切道德的起源。

## 对孩子感恩教育不可少

一个人从小至大，他生活在家庭中、学校里、社会中，他是在父母、老师以及一些善良的社会人的关爱中成长起来的。有的人不会忘记感恩，但是有的人却认为这一切都是应该的。

就当今社会而言，独生子女越来越多，他们在优越的家庭环境中成长，这本来是一件很好的事情。但是由于独生子女的娇惯也养成了他们种种不良的习惯和行为。他们凡事唯我独尊，总是对父母的苦心不能理解，对待他人也是缺少关心。这就是缺乏感恩之心的典型表现。

不同性格的孩子对感恩的认识程度也是不同的。父母应该根据孩子的特点和实际情况来培养孩子的感恩意识。对孩子的感恩教育要从早做起，要从细节之处出发。

教导孩子要学会感动，情感体验是引发孩子感恩意识的渠道之一。同时，父母要配合老师，感恩教育的机会往往伴随着对孩子的点点滴滴的爱意形成。

管教孩子并不是一件容易的事，但是如果父母从生活中的细节之处培养孩子感恩，那么一定会大有改观。父母要配合教师，学校教育要密切配合家庭教育。父母要深思自己对孩子的一些溺爱行为，要认真和孩子进行沟通，培养孩子的感恩意识。

2.教育孩子学会感恩方法

教育孩子学会感恩，父母要以身作则，体现出榜样的力量。一方面，父母在与同事、邻居和他人的交往中，要热情诚恳，积极帮助他人解决困难。另一方面，对待孩子以及孩子的朋友，要关心和尊重，让孩子从父母身上学到为人处世的经验。

父母要各行其责。父母要关爱家中每一个人，要尊重他人的权益。即便是家人，也要经常说"谢谢""辛苦了"等之类的话。这样无形中会为孩子树立一个很好的榜样，孩子自然而然也会效仿，学会感恩。

父母要和孩子一起学会感恩，生活中要时时学会感恩，感恩朋友，感恩生活的美好，感恩大自然的厚待。父母这一颗感恩的心，必然会影响到孩子，让孩子从小学会感谢父母，学会感谢朋友，感谢社会。

培养孩子的家庭责任感。要根据孩子的实际情况指导孩子承担一定数量的家务劳动，体验父母的辛苦等。有了实际行动，孩子的心灵才会得到净化，孩子的人格也会得到完善。这对于孩子的成长是十分有益的。父母和学校要相互配合起来，为孩子培养一个充满感恩的成长环境。

　　父母应该针对孩子不同的年龄阶段，尽可能地让孩子做好力所能及的事情，让孩子在劳动中体味父母的艰辛。比如让孩子为家人搬凳子、拿本书等事情，培养他们为别人服务的意识和习惯。

　　注意培养孩子的同情心，孩子想象的范围狭小，不知道设身处地为别人着想，大人要及时给予提醒。比如别人掉了东西可以帮忙捡起来，这样点滴积累，就会逐步形成孩子同情、体贴他人的良好品质。

# 善良让你拥有美丽心灵

　　一个健康的孩子就好比一棵树，必须以善良为根，正直为干，丰富的情感为蓬勃的枝叶，这样才能结出美丽善良的果子。善良的情感及其修养是人道精神的核心，必须在童年时细心培养。

　　可眼下许多父母在教育孩子时经常说："别人打你，你也打他，打不过就咬。""咱们宁可赔钱，也不能吃亏。"

　　为了纠正父母这一错误观点，心理专家提出：不能忽视对孩子进行善良教育。特别是孩子们的母亲，要用自己的爱，教育孩子"从善如流"，让孩子从小培养博爱、同情、宽容等美德。

**善良是一种美丽的心灵**

　　生活中，许多父母往往对给孩子进行一些特殊的教育，例如：灌输"社会如何尔虞我诈""人与人之间如何钩心斗角"等。

　　也许父母的本意没有错，即告诫孩子学会保护自己，小心上当。可是，这种教育的尺度却很难把握，试想如果在父母本身带有偏颇甚至错误的情况下引导孩子，那么，我们将在孩子心中埋下什么样的种子？

或许在父母看来，"人善被人欺""从小不吃亏"才能更好地保护自己，其实，这种思想让父母们忽视了对孩子的善良教育。对此，心理专家指出：没有善良心的孩子更无法很好地保护自己。因此，作为父母，绝不能放弃对孩子进行善良教育。

善良是人类的天性，善良可以让人与人之间的关系更加和谐，让世界变得更加美好。善良能够让孩子心中充满爱，能够让孩子热爱生活，从而使人生更加完美。所以父母应该将善良注入每一位孩子的心里。


　　红红在班里被同桌用铅笔将头划破了，同桌是个淘气的小男孩。这件事情的起因是同桌要欺负别的小朋友，红红便上前去制止。红红是个善良的孩子，她一向在班级里喜欢帮助别人。结果，同桌无意中用铅笔将她的头划破了。

　　这件事情对父母来说是非常严重的。班主任立即和男孩的父母联系，而男孩的父母也非常迁就，便说不管红红的父母提出什么要求，他们都会答应的。

　　但是红红的父母并没有难为对方，红红的父母一向是通情达理的人。他们将红红带到医院里去，见没有什么大碍，就没有追究。

　　过了两天，母亲问红红："你跟你的同桌现在说话吗？"

　　红红说："干什么不说话啊？"

母亲故意说："他不是把你的头弄伤了吗？"

"但是已经快好了啊！"

母亲又问她："你的同桌是不是一个坏孩子啊？"

她说："不是，他只是有些淘气，但是他是一个非常热情的人。"

母亲听后很高兴，因为红红的善良。父母平时很注意培养红红的善良品质。身边的人都非常喜欢红红，因为她是个善良的小姑娘。


生活中也存在这样的现象：两个母亲会因为孩子的矛盾而大打出手。若是自己的孩子受到欺负，母亲便会训诫女儿不要软弱，一定要还手。甚至还会有母亲这样教训自己的孩子："别让别人再把你打哭，你只能将别人打哭，若是再让我看到你被别人打哭，我打你。"等诸如此类的现象。其实这样是没有必要的，这样只会让孩子不懂得怎样与人相处。

过于要强的性格只会让孩子变得过于霸气。不懂得善良的孩子，也必然没有同情心。即便将来孩子有所成就，他的性格也会阻碍他的发展。

### 对孩子善良教育的方法

父母要有意识地培养孩子的善良。让孩子学会给予。给予是一种高尚的行为，而本人也会从中获得快乐。父母要教会孩子乐于助人，这样便会潜意识地培养孩子的善良品德。

没有善良之心的孩子也不可能很好地保护自己。父母一定要对孩子进行善良内容的教育。这些内容包括：让孩子学会保护自然环境和动物，让孩子同情并帮助弱者。

父母要创造机会让孩子去帮助有困难的人，不要给孩子提供暴力玩具，远离暴力内容。教导孩子在处理问题的时候不要使用暴力。父母要给孩子树立榜样，这是培养孩子善良之心的关键。

父母对周围人应该表现出真挚的同情，并帮助我们身边正遭受痛苦和不幸的人。父母还应以自己的善良感染和陶冶孩子，在孩子的心中撒播善良的种子。

父母要热忱支持孩子的献爱心活动，为了培养孩子的爱心，学校、社会经常举行一些为希望工程、为身边有需要的人献爱心的活动，父母应支持孩子参加。

# 做个谦让懂礼貌的孩子

培养孩子的谦让品质，是家庭教育的一个重要课题。就当今孩子而言，其心理的一个突出特点是以自我为中心。孩子们往往只注重自己的需要，很少注意到他人的需要，因此大都不喜欢谦让。

这种自私的习性一旦形成习惯，就很难改变，而且会严重影响孩子未来的人生发展。所以父母必须抓紧对孩子的早期教育。

### 谦让是一种社会美德

谦让是一种美德。但是这种美德也需要一定的限制，没有原则的谦让是一种懦弱，在竞争面前谦让则是一种逃避，在危险面前谦让是一种退缩。

对于孩子来说，应该适当培养他们的谦让精神，并且教导他们在什么样的情况下适合谦让。不要让孩子混淆谦让的含义，要根据实际情况具体分析。教会孩子学会谦让，父母的指导特别重要。所以，让孩子学会谦让不仅仅体现着孩子的素质，更体现着父母的素养。

父母要让孩子明白，如果让出的东西是自愿的，并且自己也不会受到伤害和难受，那么就可以让。但是若是让出的东西不是自己的，让的行为也不是自愿的，并且让出之后自己心里并不舒服，那么就不能让。只有让孩子明白谦让和维权的关系，才能让孩子从心底接受谦让。

**教育孩子的谦让方法**

在传统教育中，谦让和礼貌、尊老爱幼等内容往往都是连在一起的。在今天这个竞争的社会，谦让依旧是一种美德。父母应该智慧地教育和引导孩子，在培养孩子谦让的同时，还应该培养孩子的进取心和竞争力，让孩子将来能够更好地适应生存。

一是从"我"的概念中摆脱出来。培养孩子的谦让意识，让孩子了解集体与个人的关系，把自己从"我"的概念中摆脱出来。父母应该让孩子从小懂得，大家生活在一起，自己需要的东西别人同样也需要，同样有享受的权力，不能一人独占，要想着别人。

例如：家里吃东西时，让孩子学会愉快地首先想到爷爷奶奶或者爸爸妈妈，使他懂得谁最辛苦谁就应该得到更多，自己不是家庭中的功臣。

父母对孩子谦让的行为要适时地给予表扬，让孩子拥有一种幸福感。让孩子学习谦让，对他的一生都有很好的作用。

二是父母对孩子要言传身教。模仿是孩子的天性，父母应该在日常生活中潜移默化地对孩子施以积极的影响。如：带孩子坐公共汽车时，父母在车上看见年迈的老人和抱小孩子的妇女，便主动起身让座。

这虽然是生活中的小事，但在孩子幼小心灵中进一步增强了尊老爱幼和谦让的意识。

三是要养成孩子的谦让行为。父母要通过多种手段和途径，使孩子学会谦让语言和行为，养成孩子的谦让行动力。孩子年龄小，受知识和生活经验的局限，语言发展不成熟，不能完整地表达谦让的意思，他们常常只知道谦让就是好，但是在什么情况下应该谦让又不是很明白。所以，父母应先对孩子讲明为，什么要谦让，对什么样的事要谦让。然后通过游戏、行动等来创造条件，促使孩子学会谦让。


# 学会爱让人生更美好


爱是一种能力、一种习惯，是人类最伟大的一种品格。父母对孩子的爱是孩子成长的动力，是培养他们健全人格的温床。如果没有父母的爱，孩子就没有同情心，不会关心别人，尊重他人，不会施爱于人。但是，并不是所有的爱都能培养起孩子的爱心和爱的能力。假如父母对孩子溺爱或不讲爱的方法，也会培养出感情贫乏、缺乏爱心的人。

### 爱心是孩子一种美德

美国著名教育家赫·斯宾塞指出：爱心是美德的基础，也是美德最直接的表现。孩子幼小的时期是各种心理品质形成的关键时期，爱心的形成也是如此。因此，父母培养孩子的爱心，要从孩子很小的时候抓起。

许多父母只知道一味地疼爱孩子，却忽略了给孩子提供奉献爱心的机会。其实施爱与接受爱是相互的，如果让孩子只是接受爱，渐渐地他们就丧失了施爱的能力，只知道索取，不知道给予，并且觉得父母关心他是理所当然的。

有的父母以为给孩子小时多点关心和疼爱，等他长大了，他就会孝敬父母，疼爱父母。其实这是一种误解，你没有给孩子学习关爱的机会，他们怎么会关爱父母呢？

还有的父母认为孩子的任务就是学习，其他的都不重要，只有学习好了，将来才会有一个好的前程，于是什么事都为孩子全包揽。其实，学习固然重要，但是孩子的品质、美德对孩子的成长更重要，并且这些都需要在生活、学习中培养的，不会一蹴而就。

有时候父母由于工作忙或其他原因，对孩子表现出来的爱心视而不见或训斥一番，把孩子的爱心扼杀在萌芽之中。

涓涓之水，汇成江海，爱的殿堂靠一沙一石来构建。自小给予孩子同情心和怜悯的情感，是在他身上培植善良之心、仁爱之情。儿童最初的同情心和怜悯心是成人同情心和怜悯之心的反映。所以，父母同情别人的困难、痛苦的言行会深深打动儿童心灵，感染和唤起孩子对别人的关心。

父母平时注意对孩子一点一滴的培养，一言一行的引导，在平时生活中关注孩子，培养孩子的爱心，那么，仁慈博大的爱心，就会在孩子心头扎下根，并会随着孩子的成长而不断扩展和升腾。

**培养孩子爱心的方法**

教育家陶行知说："千教万教，教人求真；千学万学，学做真人。"学会做人是教育之本，而做人的核心是拥有爱心。那么，身为父母，该如何培养孩子的爱心呢？

一是抱有积极期待。期望对人有潜移默化的作用。我们期望孩子成才，就会努力地为他们成才创造条件，及时激励。孩子渐渐会把父母的期望化为自己的要求，刻苦学习。假以时日，父母的期望就会变为现实。爱心的培养也是如此。

父母应该对孩子有要求，对他们抱有积极的期待，希望他们不仅有才，而且内心充实，感情丰富，满怀爱心。假如不是这样，孩子会向相反的方向发展。

二是父母以身作则。要想使孩子有爱心，父母必须首先有爱心，为孩子做出表率。要爱祖国，关心国家大事，忧国忧民，有社会责任感。要孝敬自己的父母，尽心尽力使老人幸福、安康。

有少数人对孩子一心一意，花多少钱和时间都不心疼，对父母却吝啬、冷漠、自私，这对孩子的影响是很坏的，他们会自觉地仿效。父母要教育并带领孩子爱邻居、朋友，善待他人，爱人间的一切美好事物，爱世上的一草一木，这都会给孩子以爱的熏陶。

夫妻之爱是家庭存在的基础，是家庭和睦的保障，也是培养孩子爱心的前提。因此，必须做到双方要关心、宽容、互敬互爱，讲究爱的艺术。

三是体会孩子感情。父母不仅要在身体上照顾孩子，更要在心理上关心他们，体会他们的感情。当孩子从学校回来，兴冲冲地与你说话时，你是否满怀兴致地倾听？你是否在别人面前奚落孩子，将自己孩子的弱点或缺点与其他孩子的长处或优点对比？你尊重孩子的隐私权吗？愿意花时间与他们在一起吗？

孩子不仅有生理需要，还有心理需要。父母要尊重他们，与他们分享快乐与痛苦，成为孩子的知心朋友。

为此，首先父母应像朋友一样重视孩子，仔细体会他们的感受，了解他们的思想；答应孩子的事情一定要做到，决不食言；掌握感情交流的方法，如以温和的态度与孩子说话，以欣赏的目光注视孩子，用微笑和点头鼓励孩子，这些都十分有利于孩子爱心的养成。

四是不拿爱做交易。孩子没有按父母的意愿做事，一些父母习惯用爱来威胁他们。如再完不成作业你就不要回来了，如考不好我们就不认你这个孩子了等。其结果造成孩子的恐惧、不安和逆反心理，不仅达不到预期的目的，有时候还会酿成严重的后果。这怎么能够培养孩子的爱心呢？

因此，要毫无条件地爱你的孩子，孩子才会感到自己存在的价值，感受到爱的温暖。也只有这样，他们才有足够的精力和时间去开创自己的前程，不会感到爱的危机，有良好的情绪对待生活和学习。所以，在生活中，父母应该让孩子明白这些，相信父母对孩子的爱不会因为孩子犯错误而有丝毫改变。

五是敢对孩子说不。许多父母怕孩子受委屈、吃苦，往往是有求必应，想干什么就干什么，要什么给什么。本想孩子能快乐幸福，却妨碍了孩子的顺利成长。

因此，应该尽早敢对孩子说不。专家认为，最好在孩子小时候父母就让他们知道，有些事是不该做的，有些事是不能随他的意愿去做的，有些事必须选时机才能做到。

如果孩子到小学时期还任性，为所欲为，父母就应该对他们进行严肃的教育。这看起来是限制他们，其实是为了他们将来能有更大的自由。因为这有助于孩子成为对社会有用的人。

六是与孩子在一起。亲人的感情交流是培养孩子爱心的最好方法。无论父母工作多么忙，都应该经常抽出一定的时间与孩子一玩耍、娱乐、锻炼或学习，发展与孩子的感情，体会孩子的心理和情感，与孩子形成融洽的亲子关系。

例如父母与孩子远足时，在丰富孩子知识的同时，教育他们要爱护一草一木。强化孩子对父母的感情，与孩子交流时一定要投入，平等的对待他们，不能居高临下的对待孩子。与孩子在一起的机会很多，如看电视、游戏、锻炼、远足、讲故事等。

七是鼓励孩子交往。爱不仅停留在思想和感情上，更应落实在具体的行动中。孩子在与成人的交往中往往是被保护的角色。与同学、同伴的交往，可以使孩子体会友情，学会助人，增强同情心，感受友爱的快乐。

如果一个人富有爱心，就会主动去关心帮助他人，从而易于消除人与人之间彼此的隔阂。

一个富有爱心的人，必然也是一位朋友遍天下的人，不但不会因此而烦恼、苦闷和不愉快，而且有助于自己事业的发展与成功。


# 会分享让孩子不自私


每个孩子都有自己的特点，每个孩子也都有自己的性格，有的孩子很孝顺，有的孩子很乖巧，有的孩子很热爱劳动，但也有这样的孩子，他们很自私，不懂得与他人分享的道理，有好的东西希望自己独占，如果他人希望拥有同他一样的东西时，他便会大哭大闹。这样的孩子在生活中并不是少数，甚至在最近的几年还有上升的趋势。对孩子来说，自私可不是好习惯，也不是好性格。

## 自私的表现和产生原因

　　有一天，隔壁的张阿姨因为有急事要出去，便希望给孩子伟伟找一个托身的地方。她的邻居老孙家有个跟她儿子一样大的孩子强强，她便到老孙家，希望孩子能够暂时住到他们家里。张阿姨同强强的妈妈商量，强强的妈妈说："没事，让你家的伟伟来吧，我正愁强强这两天没人陪他玩呢！"

　　强强的妈妈同强强商量道："强强，隔壁的张阿姨要出去几天，让伟伟住咱家，你跟他一起玩好不好？"

　　谁知强强坚定地说："我不要，他会跟我抢玩具的！"

　　"你那么多的玩具你不会让他玩一个？"

　　"不要！叫他拿自己的玩具来跟我玩！"

　　强强的妈妈正欲再劝儿子，被张阿姨拦住了，她理解地说道："没事，我把孩子送到他姥姥家吧。"说完，便告辞了。强强的妈妈看着张阿姨离去的背影，心里充满了歉意……

　　从上面的对话中，可以看出强强是一个很小气，也很吝啬的孩子。小气和吝啬在一定意义上也代表了自私，自私的孩子是不愿意同其他的孩子分享自己的东西的。

　　如果一个孩子从小就不知道同其他的人分享，那么他的这种性格就容易形成自私，自私是人格的一种缺陷，自私的孩子也不容易同其他的孩子和睦地相处。

　　很多母亲在看到孩子不愿与他人分享东西时，多半会在对方刚走就回头把自己的孩子大骂一顿，这种做法并不是正确的做法。这种做法会让孩子觉得你是在偏袒外人，心里会对你不服气，会觉得妈妈胳膊肘往外拐，也会产生一种"妈妈不再爱我了"错误意识。

父母在了解到孩子自私这一不好的做法时，应当询问孩子这么做的原因，为什么孩子不愿意把自己的玩具给其他的孩子玩，为什么孩子不愿意其他的孩子吃自己的东西等等，只有父母问清了孩子不愿与人分享的原因，才可以对孩子的思想进行教育，引导孩子改掉错误的认识，变得"无私"起来。

孩子不愿意同其他的孩子分享，原因有多种。孩子可能有过分享的不愉快的经验，或者孩子天性就比较谨慎，或孩子仍然停留在以自我为中心的时期。许多不同的原因导致孩子意识不到分享的好处和意义，父母应当帮助孩子增强这种意识。

**学会分享，让孩子不自私**

作为父母，在孩子出现不愿意同他人分享的情况时，责任是无可推卸的。聪明的父母会教育孩子要从小养成与人分享的好习惯和好性格，这不仅利于孩子的成长，还利于孩子今后的生活。

父母应当意识到孩子的品格出现了问题，首要责任人就是自己，因为那是自己对孩子的教育工作做得不够好的原因。

父母应该及时教育孩子要懂得分享，要愿意与人分享，而不是在孩子出现不愿与人分享的问题时，不闻不问，更有甚者还对孩子的这一做法加以夸赞。

不闻不问这不仅不会帮助孩子改掉自私的坏习惯，还会使孩子觉得自己就应该这样做，这样做没有什么错误的。这无疑是在潜移默化中给孩子灌输了一种不好的思想。父母必须要帮助孩子改掉不知分享的缺点，这样的父母才是称职的父母。

# 第五章

# 正确管教，让孩子在爱中成长

　　天底下没有不爱孩子的父母，但天底下却有很多不懂得如何爱孩子的父母。很多人都认为，为孩子提供良好的物质生活，满足他们的所有要求，就是对他们的爱，殊不知这种爱的方式是错误的。真正的爱，是满足孩子精神层面上的一些要求。正如有人所说的那样："孩子需要的是一个温馨的小家，而不是一个五星级宾馆。"

# 学会做一个合格的父母

在我们的生活中，不乏这样的父母：一边艳羡这别人家孩子的完美无缺，一边感慨于自己家孩子的"千疮百孔"，一边夸赞别人家孩子都是才子佳人，一边把自己家的孩子数落的一无是处。

这样的父母眼里，总是装着别人家孩子的优点，却把自己家孩子的缺点尽收眼底，这哪里是合格的父母，哪里又能给孩子一个尽善尽美的成长环境呢！

## 孩子的优秀与父母教育有关

小龙是一个聪明调皮的孩子，经常会惹出许多的小问题，制造出诸多的小麻烦。

有一天妈妈刚下班回来，就听到爸爸正在训斥小龙："没收拾好自己的物品就跑出去玩，给你说过多少次了，要打理好自己的东西，你怎么总是左耳朵听进去右耳朵跑出去啊，留下个烂摊子让谁收拾啊？"

说到气头上，爸爸又把小龙其他诸多的小毛病如粗心、调皮、贪玩等都牵扯了出来，而小龙则一脸不服气不情愿地站在一边，为了缓和气氛，妈妈便说："小龙身上是有许多的缺点，我想有许多的事情他也知道是自己做得不对，只不过还是小孩子心性贪玩罢了。再怎么糟糕的一个人，他的身上也都还是会有优点的。"

听了妈妈的话，爸爸想了一会儿，便说："你说得也是啊，其实小龙身上是有很多优点的，比如爱劳动，懂得帮助人，爱护环境等等。"

妈妈也趁机说："还有呢，小龙还很有爱心，也很聪明，学东西也很快。"听到妈妈的话。小龙一惊，他以为妈妈会批评自己呢，没想到妈妈竟然还在夸奖自己，爸爸虽然批评了自己，但到底还是夸了自己，小龙自己都觉得有点不好意思了。

妈妈还说："我们如果能帮他把身上的缺点慢慢变为优点，那么，小龙肯定就是最棒的孩子，肯定是最了不起的。"

小龙听着妈妈的话，若有所思地点着头。此后，小龙的表现果真大有进步。


每一个孩子的优秀与否，与父母有着很大的关系。天下的父母都有着同样的心理，总爱拿自己的孩子与别人家的孩子比，总希望自己家的孩子比人家的孩子好，总想让自己的孩子能够出人头地。

所以父母们习惯了寻找自己孩子的不足，习惯了放大自己孩子的缺点！而对孩子本身已有的优点却总是熟视无睹。如果这样的话，不仅仅会伤害到孩子，还会影响孩子和父母之间的关系。

美国成功教育学家拿破仑·希尔曾经说过："每个孩子都有许多优点，而父母恰恰相反，他们总是盯着孩子的缺点，认为，管好孩子的缺点，才能让孩子更好地成长。

其实，这样做就像蹩脚的工匠，是不可能造出完美瓷器的。"只有合格的父母才能培养出优秀的孩子，但是大部分父母因为爱子心切到最后却都偏离了最初的意愿。

### 如何让孩子更优秀

娇艳的花朵需要阳光，人的生存需要氧气，同样，孩子的世界需要被人肯定、被人赏识。懵懂的孩子对自己的所作所为往往难以给予正确的自我认知，所以在很多时候都需要家人给予帮助，但是，大部分的父母总是指盯着孩子的过错和不足之处，却从来不把孩子的优秀拿出来表扬一下。

然而，合格的父母既能看到孩子的缺点，给予平和温柔的指导，又善于发现孩子的优点，给予真心的夸赞。由此看来，只有合格的父母才能培养出优秀的孩子。

曾有人说："你回到家里，去找孩子的优点，能够发现十个的是优秀的父母，能够发现五个的是合格的父母，不能发现的是不合格的父母。"成功的父母总是在孩子的不足之中挑出优点，不成功的父母则满眼都是孩子的缺点。

孩子的缺点需要父母的指导，每一个不足之后也都需要父母柔和耐心地指导。其次，孩子的优点需要父母的表扬与肯定，哪怕是沙里淘金，哪怕是微不足道的优点，都需要父母真心的赞扬与鼓励，只有这样才能使孩子一点点靠近成功。

# 养孩子不同于养花

都说孩子是人类的未来，是祖国的花朵，但养孩子当真如祖国养育花朵般清闲吗？孩子的成长教育，往往都成为父母的一块心病，各种各样的养育方式，总是有那么多不尽人意的地方。

## 把孩子当花养的危害

养花你可以随心随性，可是孩子却不可以，他需要父母时时地关爱和谅解，需要父母去花费大量心血把他养育成完善之人。

大卫有两个天真活泼的孩子，一个5岁，一个7岁。

有一天在牧场，大卫正在教7岁的儿子凯利如何使用割草机割草。当大卫教到怎么将割草机调头时，他的妻子简突然喊他急需询问他一些事情，当大卫转过身回答简的问题时，调皮的凯利却把割草机推到了草坪边缘的花圃上，并充分利用他刚刚学到的技术努力工作，割草机所过之处，真是花"尸"遍地，原本美丽的花圃留下了一条2尺宽的伤痕。

这个花圃花费了大卫很多时间和精力，才侍弄成今天让邻居们无比羡慕的样子，面对此境，大卫自是怒不可遏，大声地斥责着，就在他要继续呵斥凯利的时候，妻子简快步走到大卫身边，轻轻地说："亲爱的，别这样，要知道我们是在养小孩，而不是在养花。"

"我们是在养小孩，不是在养花"一句平淡无奇的话语却让多少父母的心为之一颤：在生活中的太多时候，在我们的潜意识中不总是把"花"看得比孩子重要吗？

在对孩子的教养中，总是有太多的父母为了一些"花"而对孩子大发雷霆，一边伤害着孩子，一边也把自己的精神折磨得伤痕累累。

在众多的孩子教学当中，父母总是把孩子的教育注重到孩子能考多少分，孩子脑子里记着多少东西，孩子在班级里能排第几名，孩子的作业能否按时完成等等，这些"花"在父母眼中早已远远重要于孩子的本身，总给人一种天下的父母是在"养花"而非在养孩子的感觉。

在日常生活中，父母们的眼中似乎也只有孩子的邋遢、不用心、缺点、错误等不好的"花儿"，父母一心盯着这些"花儿"仿佛早已忘记孩子本身优秀方面的成长。如此养育，恐怕只会走上离天下父母最初意愿相反的道路。

**养孩子不是在养花**

蒙台梭利曾经说过："你要看着我手指的方向，而不是我的手指"。在我们的现实生活中，大多数父母对孩子的养育，都只是看着手指而非手指的方向。孩子的成绩、排名充其量只是手指，只是花，父母们并总是把"手指"与"花儿"当成最终方向，当作重点养育的目标。

当父母把孩子的成长当成是在养花，那么父母对孩子的养育注重将不再是对孩子本身的性情、道德和人格的成长，也不再是对孩子精神的健正、内心的敞亮与灵魂坦然的感召，而只是父母心中一些成绩、排名等"花"徒有虚名的东西。

孩子不小心打碎的玻璃，永远都是阳光中碎碎的斑驳，你的斥责能使玻璃再次明亮如光吗？孩子不小心毁掉的花圃永远都是地上零零落花，你的批评能使花圃再次美丽如初吗？孩子试卷上羞涩的分数，你的责骂能使它变成你想要的数字吗？孩子某些的不足之处，你的不容忍能使孩子变得完美无瑕吗？

不，这些父母们都没有能力做到。所以，对于天下的父母而言，请告诉自己，自己是在养孩子，而不是在养"花"。

玻璃碎了再装块就好了，然后告诉孩子以后要小心点；花圃被毁坏了就当是一次特别的修剪，过不了多久花圃就又会是先前的繁茂，告诉孩子以后要爱护这些有生命的小植物；成绩让你难堪的时候，你就想想自己小时候的成绩都是如父母所愿吗？

用心辅导孩子，但不是逼迫孩子，告诉他下次努力就可以变得优秀很多，不要指责孩子的不足之处，你可以拍着胸脯说自己是完美的，既然不能，就不要去太严厉要求孩子，在他成长的季节，与他一起成长，牵领着他走向健全的人生之路。

在对孩子有所不满的时候，请静下心来思考一下，自己养的是孩子而不是"花"，只有深知此理的父母，才能够成为合格的父母，才能够养育出色的孩子。

# 请不要随意对孩子发怒

海燕说："让暴风雨来得更猛烈些吧！"是的，海燕需要狂风暴雨来磨炼它那羽翼丰满的翅膀，但它更多需要的是风和日丽的自由飞翔。

**发怒解决不了任何问题**

花朵说："风雨摇曳了我更多的妩媚。"是的，花朵在风雨中别有另外一种风情，但它更多需要的是阳光清风中的盛放。孩子说："爸爸妈妈的暴怒总是让我心惊胆战。"

的确，在生活中发脾气、暴躁是在所难免的，但是孩子需要更多的却是细语温和、耐心地父母。

　　加拿大、英国和意大利的研究人员对经常发怒的家庭的孩子进行交流，孩子心中发怒父母的样子让所有人都感到震惊：

　　"爸爸发脾气的时候，我害怕得心都要碎掉，想找个地方躲起来，可是腿上却没有力气让我逃跑，也不敢逃跑躲起来，怕爸爸冲上来把我揍一顿。"

　　"妈妈生气的时候，像变了一个人一样，披头散发得乱扔乱砸东西，像个巫婆一样让人害怕。"

　　"我一点都不喜欢爸爸，很讨厌他，我都要上高中了，可是他还是动不动就在我面前咆哮，一点都不顾及我的感受和自尊，他觉得这样我就能听话了，其实他错了，只要他肯静下来跟我说话聊天，效果肯定会比他咆哮我好很多很多。"

　　"爸爸妈妈都是火爆脾气，老是对我吼来吼去，我就是从小被'吼大'的。上个星期几个好朋友突然不爱找我玩了，我一点都想不明白是为了什么，后来给一个朋友打电话才知道，朋友说：'你太霸道了，他们几个都说和你一起玩不自在，你总觉得自己是老大，把别人吼老吼去的……'这估计跟我从小生活在被爸爸妈妈吼的环境里的原因吧。"

　　"爸爸妈妈一个人跟我发脾气的时候，我心里很害怕，可是他们两个互相发脾气的时候我就更觉得害怕了，害怕他们会离婚，怕他们不要我，我总觉得自己很没用，我总是想，我要是哈利波特就好了，就可以在他们吵架的时候，施展魔法让他们不再吵架，一家人好好的多好……"

在很多的时候，父母总是会说，我们生气，我们发脾气也都是为了孩子，有时候看见孩子笨拙的样子就忍不住想生气，有时候看见孩子不能把事情做好，心理总是有难以控制的急躁。

殊不知这样的父母在孩子心中是让人害怕的，父母的发怒对孩子的成长、心理都有着很大的影响。

**做一个理性的父母**

虽然有很多的孩子还不懂得大人们为什么争吵，也不懂得他们在争吵什么，但这并不意味着大人争吵时激烈的感情流露，就对孩子没有影响。

害怕，是孩子对发怒的父母的第一感觉。在父母面前，孩子不只是孩子，他更是一个弱者。本来父母与孩子之间的身份，就已让孩子对父母有几分畏惧，当父母发怒时那扭曲的表情，对孩子心中造成的恐慌心理，绝对会是大人们难以想象的。

孩子的心都是敏感稚嫩的，父母的发怒不仅会伤害孩子的自尊心，给孩子心理造成阴影，还会在潜移默化之中影响到孩子的成长。父母发怒对父母自身也有着诸多不好，父母发怒会加速脑细胞衰老加速、胃溃疡、心肌缺氧、伤肝伤肺、引发甲亢、损伤免疫系统，影响自身的身心健康。

孩子的成长在很大程度上都受父母的影响，他们会观察父母与别人的交往，认识并学习如何与人打交道，所谓"近墨者黑，近朱者赤"，父母与别人交流的方式总是在潜移默化之中就影响到孩子以后的人际交流方式。

当孩子们长期生活在父母过于激烈或愤怒的情绪氛围下时，不仅使孩子心理上受到伤害，而且父母的言行还会成为孩子的模仿对象，当它们学不到正确的，与人交流的方式时，就会自然而然地流露出父母暴躁或愤怒的情绪，也自然而然地会以为吼叫、发怒就是与别人交流的最佳方式。

所以，父母在孩子面前一定要注意自己的言行，孩子遇到问题或事情时，要尽量以温和的态度来进行商量或解决，因为温和的交流，不仅有利于真正地解决问题，还能消除孩子心中的恐惧感。

# 提高对孩子爱的质量

不管是风华正茂的年纪，还是白发苍苍的岁月，人们总是会时时地怀念着童年的城堡，怀念着那纯净的年纪，并且微笑着想起那份来自父母的美好的爱。

### 爱也有质量差别

每一个孩子一生的路途，都是由童年开始。其实，孩子生来就是为童年而活的。每一个孩子都有做天使的权利，但孩子是成长为一个居住在云端的天使，还是成为一个没有翅膀的凡人，则是由父母所给予爱的质量来决定的。

在生活中孩子的磕磕碰碰是在所难免的，如果孩子被小板凳碰痛了，大多数父母在安慰自己孩子的时候，总是愤愤地说："宝宝不哭了，马上就不痛了，妈妈替你打小板凳。"这很正常，无可厚非，但你看一下丫丫妈妈的教育，你就能发现父母之间爱的质量的差别。

小丫丫被小板凳碰痛了，妈妈绝对不会告诉孩子要打小板凳来报仇，赶快亲亲孩子安慰她："妈妈亲亲马上就不痛了，宝宝不哭了。"然后等小丫丫稍微好一点，妈妈便像待小丫丫一样给小板凳揉揉痛，告诉小板凳马上就不痛了。

习惯使然，一次小丫丫和妈妈在外面玩耍，高兴地奔跑着却不小心被不够平整的地面绊倒了，嫩嫩的小手擦出了血痕，小丫丫痛得大哭起来，妈妈赶紧跑过来亲亲她的小手，轻轻地吹着伤口告诉她马上就不痛了，丫丫很快就不哭了，妈妈正要拉走开时，小丫丫居然蹲下身给地面揉揉痛，安慰地面说马上就不痛了。

无疑，丫丫妈妈的爱的质量足以让小丫丫成为一个居住在云端的天使。

在我们的生活中，如果哪天孩子不小心被磕碰到了，大部分家长或许都可以采用"给小板凳揉痛"的做法，只是一旦当事情牵扯到自己的某些方面，父母总是禁不住很容易的失控，使爱的质量急剧下降。

当孩子不小心打碎了你心爱的杯子，有几个父母不是大发雷霆的，平时总是跟孩子们讲要懂得理解别人，可是当孩子的想法一旦和自己的想法不一样时，便不管不顾的责怪孩子，并强行要求孩子按照自己的意愿去做事，而不去细致地体会孩子内心想法和感受，如此这样的爱，怎能给予孩子一双飞翔的翅膀呢？

**提高爱的质量**

激光照排发明人王选先生说："考虑自己和考虑别人一样多，就是好人。"懂得为板凳揉揉痛的父母，不仅把简单的爱给了孩子，还把善良和豁达教给了孩子，这样的父母，交给孩子的不仅是简单的做人道理，更是给予他一双飞翔的翅膀。

父母的爱都是无私的，都是深如大海的，或许没有深浅之分，却有着质量的差别。不是那豪门望族给予的爱就是高质量的，也不是那些平淡粗糙的家庭给予的爱，就是浅薄没有重量的。决定父母爱的质量的，不是金钱、物质、地位，而是在日常生活中简单的细节和感知。

人生是由童年开始的，以后的人生道路在很大程度上，也都受童年的影响。童年的爱和教育是人一生的基础，所以童年里爱的质量是很重要的。孩子不是为了"成功"或"成才"而活的，他们只是简单为了童年而活，有没有一双飞翔的翅膀，也全都由童年所得到的爱的质量决定着。

每一个人生存都不是个体的发展，所以在给予孩子爱的同时，也要让孩子认识到他与万物都是有关联的，要懂得别人的处境和感受。所以身为父母，不要总是置别人的事情和感受不管不顾，不要觉得只有自己的情绪和事情才是最重要的，不要总是急于维护自己的利益，而处处显得自私狭隘，这样只会让人生中真正的美好悄无声息的流逝。

在满足孩子丰富的物质之时，要让孩子懂得善良，懂得豁达，懂得理解，懂得体谅，只有高质量的爱才能使孩子拥有健全的人格和美好的品质，才能使孩子成为幸福的人，才能使孩子在人生的道路上坦然自若，一步步走向美好！

# 许下承诺，就要去做到

有多少一掷千金的承诺，在明媚的阳光下化为虚无，有多少山无棱天地合的承诺，枯萎在花瓣的凋谢中，有多少海枯石烂的承诺，蹉跎在岁月的尽头，成为一堆白骨。许下的承诺欠下的债，哪怕只是对懵懂无知的孩子，也不可儿戏班对承诺翻云覆雨的戏弄。

**许下承诺就要去做到**

小米过生日时，妈妈带她去街上买生日礼物，在一家商场里小米看中了一只心仪已久的海豚毛绒玩具，便欢天喜地地抱着不放，妈妈也没多说什么，毕竟是孩子的生日，可是在结账时妈妈掏遍了身上所有的口袋却发现还差一元钱。

妈妈顿觉得十分尴尬，小米满脸的失望却抱着毛绒海豚不肯放手，任凭妈妈怎么哄劝都不肯走。收银员见母女俩这样僵持着，便善解人意地微笑着说："算了，孩子既然喜欢就先让孩子拿回家玩吧，等会把差的那一元钱还上就是。"

小米这才开心起来。母女俩冒着炎炎烈日回到家后，妈妈犹豫着要不要把钱送过去，毕竟只是一元钱谁会真正的在乎呢？更何况母女两人都是又累又热，小米似乎也忘记刚才在商场里给人的承诺。

但妈妈转念一想，这不正是教育孩子做人要讲诚信的最好时机吗？于是妈妈拿上钱带着小米顶着太阳，把那一元钱交到收银员手中，看着孩子满脸汗水却阳光的笑脸，妈妈心里有说不出的坦然和欣慰。

在如今的社会中，谁还会在乎那小小的一元钱呢，我们不在乎，商场不在乎，可是孩子的成长在乎。人都说训子千遍不如培养一个习惯，家是孩子最早的学校，父母是孩子最早的老师。

只有一个良好的家庭才能有良好的成长环境，只有守信合格的父母才能培养出优秀的孩子。

只是，我们总是常见这样的父母：说一个样，做又是另一个样。答应孩子的事情总是敷衍推辞过去，于是我们也就常见到这样的孩子：与父母疏远，总说着爸爸或妈妈爱骗人的话语，对父母失去了信任感，孩子本身也开始不断地谎话连篇。

**以身作则做好孩子的榜样**

身为父母不要随意哄骗孩子。俗话说"泥鳅听捧，娃娃听哄"所以很多的家长总觉得孩子还小，懵懂无知，所以总是把答应过的事情或许下的承诺不放在心上，总想着能哄过孩子这一时就好，却不知道父母是孩子最早的启蒙老师，父母的言行总是的潜移默化中就影响了孩子。

懵懂无知的孩子在认知这个世界时，总是喜好模仿身边大人的一切。所以，父母的言行对孩子的成长，有着非常重要的影响。如果父母本身就言行不一，不履行自己许下的承诺，培养出的孩子有怎么会言行如一的习惯呢，又怎么会坚守自己的承诺呢？

都说言传身教，都说以身作则。可是当一些父母看见自己的孩子说谎话、不守承诺而气急败坏时，是否想到自己是孩子的第一任老师，孩子现有的一言一行，都是在自己的影响下而一点点形成的呢？

在我们的历史中有"曾子杀猪，以信教子"的故事：

> 曾子因为妻子随意给孩子许下杀猪的诺言，就真的把猪给杀了。
>
> 妻子责怪他，曾子则说："对孩子应说到做到，不然不是明摆着让孩子学习撒谎吗，大人说话都不算数，以后还有什么资格教育孩子呢？"

曾子用实在的言行向世人说明，哪怕是对待懵懂无知的孩子，也应该言而有信，诚实无诈，身为孩子的父母更应该以身作则，身教重于言教。

随意给孩子承诺而不实现，不仅会伤害到孩子满怀期盼的心，使孩子不信任父母，还会使孩子在潜移默化之中受到影响，从而影响孩子人格的健全成长，所以父母不要随意用承诺哄孩子。

承诺是一诺千金的，是掷地有声的，许下的承诺都应该尽力实现。身为家长不应该随意给孩子许下承诺而哄孩子，一定要三思。如果一旦给孩子许下了承诺，答应的事情就一定要做到，做到真正的言而有信，如果因种种原因一时无法兑现自己的承诺，要及时向孩子解释、道歉，使孩子从心里理解和原谅父母一时的食言。

当孩子偶尔出现撒谎等不良行为时，父母则需根据实际情况来处理，了解事情的本末，而不应一顾地批评指责孩子。适当的批评和鼓励，才能使孩子逐步培养成守诚信的好习惯。

# 孩子需要的幸福是什么

流年似水，是谁将幸福偷换？繁华世界，是谁将幸福遮掩？曾何几时，我们为了一枚小小的糖果而幸福的欢天喜地，曾何几时，我们身处灯红酒绿四处寻找幸福？曾何几时，我们为了清贫却安稳的日子而深感知足，曾何几时，我们身处如山的物质中惆怅幸福于何处？世界的繁华，生活的丰足，在何时悄悄磨淡了我们的幸福时也流转走了孩子的幸福？

## 幸福有时候很简单

有一个刚刚参加完培训的新老师为学生上课，课题名就是"我的幸福"。

新老师说："同学们，现在的我们每个人都被家人当作宝贝，被爸爸、妈妈、爷爷、奶奶等众多亲人疼爱着，有着要什么就有什么的物质，星期天可以去坐旋转木马，放假了可以去旅游，这样，我们一定是很幸福的吧！"

谁知老师的话音刚落，孩子们就齐声回答："老师，我们不幸福！"这个掷地有声的回答太意外了，老师尴尬地愣在那儿，其实这也不能怪她，因为年轻的她还不知道现在孩子到底处于怎样的状态。

她以为孩子们没有听明白便继续引导，她说："老师小时候和你们现在真的是没办法比，那时候条件很差，能吃上一颗糖果老师就觉得是很幸福。"

孩子们听了全都大笑起来说："老师真傻，怎么会有糖吃就觉得幸福呢？糖是最难吃的东西，吃颗糖怎么就会觉得幸福呢？"

那位老师难堪了半天才问：那你们觉得幸福是什么呢？

这一问孩子们便七嘴八舌地说开了，"老师，幸福是星期六、星期天可以躺在床上睡觉，而不是去上补习班""老师，幸福就是放长假，去远的地方玩，而不是被关在家里练琴""老师，幸福就是爸爸妈妈不要总是吵架""老师，幸福就是可以野地里抓蝴蝶放风筝"……

孩子们是真真正正地渴望幸福，但所谓的幸福被孩子用稚嫩的嗓音喊出来时，多少都是让父母们感到吃惊的。孩子们不幸福，那么，到底是谁拿走了他们的幸福呢？

小时候那桃红柳绿的田野，那呢喃轻飞的燕子，那随风飞舞的蒲公英，那荧光闪闪的萤火虫，那各种的虫鸣鸟叫，那清贫的日子，却是父母们多少次回首的念念不忘，因为那是盛放在他们生命深处的幸福，现在的孩子呢，各种的补习班，各样的才艺培训班，奢华的物质享受，早已侵蚀了他们内心深处渴望的简单幸福。

### 让孩子幸福起来

物质丰富奢华的时候，心灵的关爱却是日渐减少，孩子们不再因为外在物质的贫乏而感到不幸福，却从内心深处感觉到不幸福。物质、金钱的多少与孩子的"幸福指数"不一定就成正比，所以身为父母不要以为有了足够的物质，孩子们就该很幸福很知足了，幸福是来自心底的，在物质奢华的成长中，请多多关爱孩子心灵对爱的需要。

在家长眼中孩子是幸福的，因为孩子们吃的、穿的、用的、住的、玩的与父母童年时代相比，简直是天壤之别。深处奢华的享受中为什么孩子们总是惆怅他们没有幸福感呢？是的，我们的物质水平是在不断地提高，可是我们给予孩子的心理关爱，却依然是在原地踏步。

课本上那鸟语花香的春天萦绕在孩子梦中，电视里那相亲相爱细小关爱让孩子可望不可即。课本上孩子牵着风筝奔跑的田野，电视里那漫天飞舞的蒲公英，这一切在现实生活中孩子们能够得到多少，孩子们原本该拥有的都没有得到，孩子怎么幸福。物质在大人眼中是有意义的，可是在孩子们心里，那些只不过是一些东西而已。

多和孩子沟通，从心里面关爱孩子的点滴，带孩子去看这个美妙多彩的世界，尊重孩子的思想和感情；尊重他的人格和尊严；尊重他的权利与需求；尊重他的成长与发展；尊重他的创造与劳动，而不是用奢华的物质去填充孩子的生活，因为孩子需要的是一个温馨的小家，而不是一个五星级的奢华宾馆。